中国建筑业改革与发展研究报告(2020)

——加快产业转型升级与强化工程质量保障

住房和城乡建设部建筑市场监管司
住房和城乡建设部政策研究中心 编著

中国建筑工业出版社

图书在版编目(CIP)数据

中国建筑业改革与发展研究报告. 2020：加快产业转型升级与强化工程质量保障 / 住房和城乡建设部建筑市场监管司，住房和城乡建设部政策研究中心编著. —北京：中国建筑工业出版社，2021.2
ISBN 978-7-112-25897-0

Ⅰ. ①中… Ⅱ. ①住… ②住… Ⅲ. ①建筑业-经济体制改革-研究报告-中国-2020②建筑业-经济发展-研究报告-中国-2020 Ⅳ. ①F426.9

中国版本图书馆CIP数据核字(2021)第032646号

责任编辑：张智芊
责任校对：李美娜

中国建筑业改革与发展研究报告（2020）
——加快产业转型升级与强化工程质量保障

住房和城乡建设部建筑市场监管司
住房和城乡建设部政策研究中心 编著

*

中国建筑工业出版社出版、发行(北京海淀三里河路9号)
各地新华书店、建筑书店经销
北京鸿文瀚海文化传媒有限公司制版
北京建筑工业印刷厂印刷

*

开本：787毫米×960毫米 1/16 印张：9 字数：136千字
2021年4月第一版 2021年4月第一次印刷
定价：**35.00**元
ISBN 978-7-112-25897-0
(37092)

版权所有 翻印必究
如有印装质量问题，可寄本社图书出版中心退换
(邮政编码 100037)

编 写 说 明

《中国建筑业改革与发展研究报告（2020）》在编撰单位的努力和建筑业各行业协会、企业、相关单位的大力支持下，继续得以与行业内外读者见面。本期报告突出三个特点：

1. 紧扣建筑业发展的时代主题。 本期报告的主题是"加快产业转型升级与强化工程质量保障"。长期以来，建筑业持续健康发展，在国民经济中的支柱产业地位稳固，扎实做好稳就业、稳金融、稳外贸、稳外资、稳投资、稳预期工作，在吸纳劳动力就业、加强建筑产业工人培训、增强扶贫"造血"功能、完善各类基础设施等方面作出了卓越贡献，为实现全面建成小康社会目标贡献了行业力量。提升工程质量是建设质量强国的重要组成部分，我国经济已由高速增长阶段转向高质量发展阶段，作为国民经济支柱产业的建筑业，强化工程质量保障对于行业高质量发展意义重大。本期报告在反映建筑业常规发展状况的基础上，集中反映了上述内容。

2. 内容总结了 2019 年建筑业改革举措并分析发展形势。 围绕主题，报告内容由五个部分组成。第一部分简要总结 2019 年以来我国的宏观经济形势以及工程建设领域政府监管与服务的工作成果；第二部分全面反映 2019 年我国建筑业的发展状况，包括建筑施工、勘察设计、建设监理与咨询、工程招标代理、对外承包工程等方面，同时分析这一时期的安全生产形势；第三部分论述建筑业助力全面建成小康社会的实践；第四部分详细阐述建筑业强化工程质量保障、着力提升建筑工程品质的重要举措；第五部分分析建筑业改革发展形势。

3. 仍以广义的工程建设承包服务主体为对象。本报告仍以广义的工程建设承包服务主体为对象。虽然建筑施工与勘察设计、工程监理及招标代理等咨询服务属于不同的产业分类领域，但在工程建设领域活动中，形成了紧密关联、相互依托的广义建筑业内涵。所以本报告仍然以建筑施工、勘察设计、工程监理和相关咨询服务业为对象。

由于时间紧迫，工作量大，在编写过程中，难免有一些疏漏和不完善的地方，敬请读者加以指正。

住房和城乡建设部建筑市场监管司
住房和城乡建设部政策研究中心

目　　录

第一章　中国建筑业发展环境 ……………………………… 1
一、宏观经济环境 …………………………………………… 1
　　(一)宏观经济运行总体平稳 ……………………………… 1
　　(二)固定资产投资继续平稳增长 ………………………… 1
　　(三)建筑材料表观消费量平稳增长 ……………………… 3
二、政府监管与服务 ………………………………………… 3
　　(一)建筑市场 ……………………………………………… 3
　　(二)质量安全 ……………………………………………… 8
　　(三)工程建设标准定额 …………………………………… 14
　　(四)地方政府举措 ………………………………………… 15

第二章　中国建筑业发展状况 ……………………………… 40
一、发展特点 ………………………………………………… 40
　　(一)产业规模不断扩大 …………………………………… 40
　　(二)建筑业增速继续下降 ………………………………… 41
　　(三)细分市场表现各异 …………………………………… 41
　　(四)大型企业表现突出 …………………………………… 41
　　(五)市场环境持续优化 …………………………………… 42
二、建筑施工 ………………………………………………… 43
　　(一)规模分析 ……………………………………………… 43
　　(二)效益分析 ……………………………………………… 44
　　(三)结构分析 ……………………………………………… 44
三、勘察设计 ………………………………………………… 51
　　(一)规模分析 ……………………………………………… 51
　　(二)结构分析 ……………………………………………… 52

四、工程服务 ·· 53
　（一）工程监理 ·· 53
　（二）工程招标代理 ······································ 55
　（三）工程造价咨询 ······································ 57
五、对外承包工程 ·· 59
　（一）规模分析 ·· 59
　（二）企业表现 ·· 60
六、安全生产形势 ·· 63
　（一）总体情况 ·· 63
　（二）分类情况 ·· 64

第三章　聚焦产业扶贫　助力全面小康 ······················ 65
一、推动产业扶贫，发挥"造血"作用 ························ 65
　（一）支持定点扶贫地区建筑业企业发展 ···················· 65
　（二）指导定点扶贫地区发展特色支柱产业 ·················· 66
　（三）建筑业企业积极投身精准扶贫工作 ···················· 66
二、提供技能培训，拓宽就业渠道 ···························· 67
　（一）集中技能培训激发贫困人口内生动力 ·················· 67
　（二）签订对口就业协议吸纳贫困家庭劳动力 ················ 68
　（三）加强建筑产业工人队伍建设助力农户脱贫 ·············· 68
　（四）科学分类指导滴灌式精准就业扶贫 ···················· 68
三、聚焦住房安全，实现百姓安居 ···························· 69
　（一）全面推进农村危房改造工作 ·························· 69
　（二）积极承建易地扶贫搬迁工程 ·························· 70
　（三）大力支持城镇保障性住房建设 ························ 71
四、完善基础设施，铺就发展通道 ···························· 71
　（一）改善贫困地区公共服务设施和生活设施条件 ············ 72
　（二）兴建校舍振兴乡村教育 ······························ 73
　（三）加强城市基础设施建设促进高质量发展 ················ 73

第四章　强化工程质量保障　提升建筑工程品质 ·············· 75
一、建立长效管理机制强化各方责任 ·························· 75
　（一）突出建设单位首要责任 ······························ 75

（二）落实施工单位主体责任 ……………………………… 76
　　（三）明确房屋使用安全主体责任 …………………………… 78
二、大力推行绿色建筑与建造方式变革 …………………………… 80
　　（一）深入开展建筑节能工作 ………………………………… 80
　　（二）大力发展装配式建筑 …………………………………… 82
　　（三）支持绿色建材推广应用 ………………………………… 83
　　（四）推进建筑垃圾减量化 …………………………………… 84
三、建立健全工程担保保险与建筑市场信用体系 ………………… 84
　　（一）加快推行工程担保与保险制度 ………………………… 84
　　（二）完善全国建筑市场监管公共服务平台 ………………… 86
　　（三）进一步整治工程建设领域职业资格"挂证"现象 …… 86
　　（四）开展建设企业社会信用评价工作 ……………………… 87
四、加快建立中国特色工程建设标准体系 ………………………… 87
　　（一）深化工程建设标准体系改革 …………………………… 88
　　（二）持续推进高质量发展新阶段工程建设标准体系建设 … 89
　　（三）进一步完善抗震标准体系 ……………………………… 89
五、探索加强工程质量安全监督新模式 …………………………… 90
　　（一）开展全国建筑市场和工程质量安全监督执法检查行动 … 90
　　（二）推行"双随机、一公开"工程质量监督工作机制 …… 91
　　（三）探索"互联网＋"工程质量安全监管模式 …………… 93
六、坚持以人民为中心加强社会监督 ……………………………… 94
　　（一）开展住宅工程质量信息公开试点 ……………………… 94
　　（二）完善建筑工程质量评价体系 …………………………… 96
　　（三）提高行业协会服务能力 ………………………………… 97

第五章　建筑业改革发展形势 …………………………………… 98
一、改革深入推进发展环境持续优化 ……………………………… 98
　　（一）工程建设组织模式不断完善 …………………………… 98
　　（二）建筑产业工人队伍更加专业化 ………………………… 99
　　（三）建筑业"放管服"改革持续深化 ……………………… 99
二、新型建筑工业化将加速产业转型升级 ………………………… 100
　　（一）技术创新重塑建筑生态系统 …………………………… 100

(二)智能建造将引领建筑业转型升级 ……………………………… 101
　　(三)新型建筑工业化进程将全面加速 ……………………………… 101
三、新型基础设施建设不断拓展市场空间 ……………………………… 102
　　(一)新基建利于推进高质量发展 …………………………………… 102
　　(二)新基建重点在十大战略方向 …………………………………… 102
　　(三)城市交通基础设施市场潜力大 ………………………………… 103
四、建筑业企业发展方式转变 …………………………………………… 103
　　(一)高质量成为建筑业企业的口碑基石 …………………………… 104
　　(二)建筑业企业需更加注重创新 …………………………………… 104
　　(三)使用人监督机制将倒逼建筑业企业提供高品质住宅 ………… 105
　　(四)建筑业企业要更好利用国内国际两个市场 …………………… 105

附录1 2019—2020年建筑业最新政策法规概览 …………………… 107
附录2 2019年批准发布的国家标准和行业标准 …………………… 120
附录3 部分国家建筑业情况 …………………………………………… 127

第一章　中国建筑业发展环境

一、宏观经济环境

(一) 宏观经济运行总体平稳

2019年，面对复杂严峻的内外部形势，中国持续深化供给侧结构性改革，加大逆周期调节，扎实做好稳就业、稳金融、稳外贸、稳外资、稳投资、稳预期工作，经济运行总体平稳。三大攻坚战取得关键进展，精准脱贫成效显著，金融风险有效防控，生态环境质量总体改善，改革开放迈出重要步伐，科技创新取得新突破，经济高质量发展取得新进展，"十三五"规划主要指标进度符合预期，全面建成小康社会取得新的重大进展。全年国内生产总值990865亿元，比上年增长6.1%；全年城镇新增就业1352万人，比上年少增9万人；城镇居民人均可支配收入实际增长5%，农村居民人均可支配收入实际增长6.2%。全年贫困地区农村居民人均可支配收入实际增长8%，比全国农村快1.8个百分点。

经济运行中出现诸多积极变化，着力实现经济高质量发展。首先，经济结构持续优化，消费贡献度大幅提高；其次，工业结构优化调整，新动能持续壮大；再次，减税降费加速落实，促进经济持续健康发展；最后，房地产市场平稳运行，"稳地价、稳房价、稳预期"调控目标稳步落实。

(二) 固定资产投资继续平稳增长

2019年，全年全社会固定资产投资560874亿元，比上年增长5.1%（表1-1、图1-1、图1-2）。其中，固定资产投资（不含农户）551478亿元，增长5.4%。分区域看，东部地区投资比上年增长4.1%，中部地区投资增长9.5%，西部地区投资增长5.6%，东北地区投资下降3.0%。

2015—2019年全国固定资产投资规模及增速　　　　表1-1

类别/年份	2015	2016	2017	2018	2019
固定资产投资(亿元)	561999.8	606465.7	641238.4	645675	560874
固定资产投资增速(%)	9.8	7.9	7.0	5.9	5.1
建筑业总产值增速(%)	2.3	7.1	10.5	9.9	5.7

数据来源：国家统计局、《中国统计年鉴》《2019年国民经济和社会发展统计公报》。

注：根据第四次全国经济普查、统计执法检查和统计调查制度规定，对2018年固定资产投资数据进行修订，2019年增速按可比口径计算。

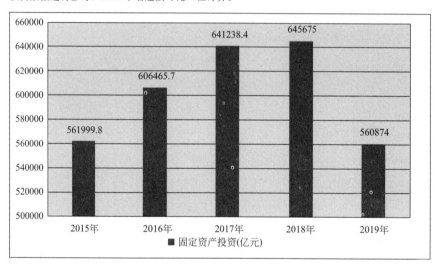

图1-1　2015—2019年全社会固定资产投资规模

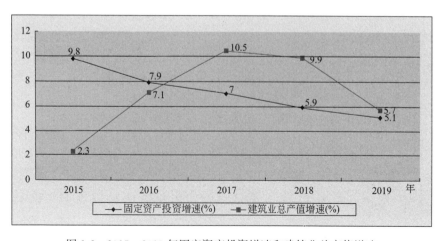

图1-2　2015—2019年固定资产投资增速和建筑业总产值增速

(三) 建筑材料表观消费量平稳增长

钢材和水泥是建筑行业的两大主要材料。2010—2014年间，全国钢材表观消费量呈上升趋势，2015年回落至93507.09万吨，2016—2019年继续呈上升趋势。2019年，全国钢材表观消费量达到近10年最高值115257.98万吨，同比增长7.05%。2010—2014年间，全国水泥表观消费量（不含熟料）呈较快增长趋势，2013年突破24亿吨，随后基本维持在每年23亿吨左右高位水平。2017、2018连续两年全国水泥产量和表观消费量增速为负，行业供给侧改革初见成效。2019年，全国水泥表观消费量回升至234122.68万吨，增速5.01%（表1-2、图1-3）。

二、政府监管与服务

2019年，持续深化建筑业供给侧结构性改革，建筑业发展质量和效益不断提高。开展钢结构装配式住宅建设试点，推广新型建造方式。推进工程建设标准、工程造价改革，完善建筑市场管理制度，深化建筑业"放管服"改革，落实工程质量安全手册制度，加强建筑施工质量安全监管。全面推进工程建设项目审批制度改革，优化营商环境成效显著。根据世界银行发布的《全球营商环境报告2020》，中国营商环境全球排名从上年第46位跃至第31位。以办理建筑许可为例，中国全球排名从上年的121位跃升至33位，提升了88位，京沪两市推出的简易低风险建筑项目免于环评备案改革、建立分类监管和审批制度及压缩供排水报装时间等改革举措，推动两地平均办理建筑许可全流程耗时缩至111天，获该指标质量指数满分15分，高于东亚地区132天和9.4分的平均水平。

(一) 建筑市场

1. 推进建筑业重点领域改革

推进钢结构装配式住宅建设试点。 落实全国住房和城乡建设工作会议部署，确定浙江、江西、山东、河南、湖南、四川、青海7省作为钢

表1-2

2010—2019年全国建筑行业主要材料产量、进出口量和表观消费量（单位：万吨）

	2010	2011	2012	2013	2014	2015	2016	2017	2018	2019
钢材产量	80276.58	88619.57	95577.83	108200.54	112513.12	103468.41	104813.45	104642.05	113287.33	120456.94
钢材进口量	1643.00	1558.00	1366.00	1408.00	1443.25	1278.24	1322.00	1330.00	1317.00	1230.41
钢材出口量	4256.00	4888.00	5573.00	6233.00	9377.76	11239.56	10853.00	7541.00	6933.00	6429.37
钢材表观消费量	77663.58	85289.57	91370.83	103375.54	104578.61	93507.09	95282.45	98431.05	107671.33	115257.98
水泥产量	188191.17	209925.86	220984.08	241923.89	249207.08	235918.83	241030.98	233084.06	223609.62	234430.62
水泥进口量	82.31	85.56	64.99	41.12	23.81	10.50	3.00	90.83	96.14	200.62
水泥出口量	982.71	879.81	924.01	1094.42	1017.38	919.38	814.63	1286.40	754.65	508.56
水泥表观消费量	187290.77	209131.61	220125.06	240870.59	248213.51	235009.95	240219.35	231888.49	222951.11	234122.68

数据来源：国家统计局、中国海关总署、Wind数据库、中国水泥网、《中国水泥年鉴》。

注：因实际消耗量难以统计，采用表观消费量作为钢材和水泥的消耗指标。计算方法：表观消费量＝当年产量＋当年进口量－当年出口量。

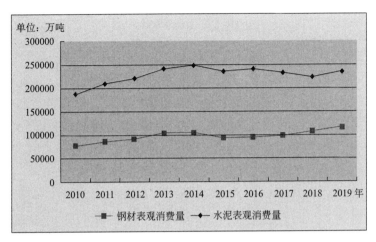

图 1-3　2010—2019 年全国钢材、水泥表观消费量

结构装配式住宅建设试点地区。指导试点地区制定工作方案，明确工作目标和任务，试点工作取得积极成效。例如，山东、四川省成立了钢结构产业联盟，促进建筑钢材、设计、施工、部品部件、装备等全产业链协同发展，集中开展技术攻关和标准体系研究；浙江省杭州市临安区在钢结构装配式农房建设方面，创新"三带图四到场"农房建设管理模式，为农民提供多种设计方案，满足个性化需求，同时提供建房贷款以及售后保险等，解决农民后顾之忧，初步探索出一条群众愿意接受的钢结构装配式农房推进路径，截至 2019 年 12 月，临安区已建成钢结构装配式农房 380 多套，面积 10 万余平方米。

深化工程招投标制度改革。制定印发《住房和城乡建设部关于进一步加强房屋建筑和市政基础设施工程招标投标监管的指导意见》（建市规〔2019〕11 号），推进房屋建筑和市政基础设施工程招标投标制度改革，加强相关工程招标投标活动监管，维护建筑市场秩序。持续推进电子招投标试点，跟踪试点地区工作进展情况，及时帮助试点地区解决试点过程中遇到的问题，通过实行电子招投标，优化招投标服务，强化"互联网＋监管"，切实减轻企业负担，获得了较好的社会反响。

完善工程建设组织模式。推行工程总承包，2019 年，全国工程总承包收入 33638.6 亿元。住房和城乡建设部会同国家发展改革委印发

《房屋建筑和市政基础设施项目工程总承包管理办法》(建市规〔2019〕12号),修订工程总承包合同示范文本,完善工程总承包管理制度。发展全过程工程咨询,住房和城乡建设部会同国家发展改革委印发《关于推进全过程工程咨询服务发展的指导意见》(发改投资规〔2019〕515号),在房屋建筑和市政基础设施领域推进全过程工程咨询服务,截至2019年12月,共有19个省(区、市)出台全过程工程咨询指导意见或配套政策。推进建筑师负责制,在北京市、广西壮族自治区、上海浦东新区、福建自贸区厦门片区、深圳市、雄安新区等6个地区深化建筑师负责制试点,在民用建筑工程中发挥建筑师的主导作用,探索与国际接轨的建筑师服务模式。

大力培育建筑产业工人队伍。 持续推进建筑产业工人培育示范基地建设,扩大试点范围,批准江苏、浙江、广西作为新增试点地区,指导上述地区制定试点工作方案。印发《建筑工人实名制管理办法(试行)》(建市〔2019〕18号),推进建筑工人实名制管理,实现建筑工人管理服务信息平台全国联网,截至2021年3月15日,平台在册人员3075.62万余人。印发了《关于培育新时代建筑产业工人队伍的指导意见》。

2. 深化建筑业"放管服"改革

优化企业营商环境。 贯彻落实党中央国务院支持民营企业改革发展决策部署,印发《住房和城乡建设部办公厅关于支持民营建筑企业发展的通知》(建办市〔2019〕8号),指导各地进一步完善工作机制,落实政策措施,促进民营建筑企业持续健康发展。落实国务院有关世行营商环境评价工作部署,修订注册建筑师条例,调整考试报名条件,在北京、上海试点提高注册监理工程师职业资格考试报名条件。简化施工许可管理,修订建筑法中有关申领施工许可条件,进一步压缩施工许可证审批时限,制定施工许可电子证照标准,报国务院办公厅电子政务办公室印发实施,同时印发通知,部署在全国范围内推广应用施工许可电子证照。进一步扩大对外开放,取消对外商投资企业从事工程勘察业务的限制,实施准入前国民待遇加负面清单管理制度。

推进企业资质审批制度改革。 住房和城乡建设部组织起草了《建设工程企业资质管理制度改革方案》,报经国务院常务会议审议通过,《方案》将工程勘查、设计、施工、监理企业资质类别和等级由593项减至245项。推行企业资质告知承诺制审批，住房和城乡建设部负责审批的建筑工程、市政公用工程施工总承包一级资质，以及工程勘察设计、建筑业企业、工程监理企业资质延续均已实行告知承诺制审批，在北京、浙江等10个省（市）和全国各自由贸易实验区开展房屋建筑工程、市政公用工程监理甲级资质告知承诺制审批试点。

推动智能建造与建筑工业化协同发展。 住房和城乡建设部会同有关部门联合印发了《关于推动智能建造与建筑工业化协同发展的指导意见》，明确提出了推动智能建造与建筑工业化协同发展的指导思想、基本原则、发展目标、重点任务和保障措施。围绕装配式建筑、建筑产业互联网、建筑机器人三大领域，采取房地产企业牵头、建筑企业深度参与、试点城市全力支持等多方协同的工作模式，开展试点工作，积极推动新一代信息技术、新型建造方式、建筑机器人等在工程建设中的应用，促进建筑业高质量发展。

完善个人执业资格管理制度。 完善注册建筑师管理体制机制，住房和城乡建设部会同人力资源和社会保障部调整组建新一届全国注册建筑师管理委员会，指导委员会建立新的工作机制，推进一级注册建筑师考试制度改革。推动改革勘察设计注册工程师制度，组建新一届全国勘察设计注册工程师管理委员会。完善监理工程师、建造师职业资格管理制度，会同有关部门起草《监理工程师职业资格制度规定》《监理工程师职业资格考试实施办法》，修订《注册建造师管理规定》，制定印发一、二级建造师注册证书电子证照标准。印发《关于取得内地勘察设计注册工程师、注册监理工程师资格的香港、澳门专业人士注册执业有关事项的通知》，取得内地相应资格的港澳专业人士，可以在内地各省市注册执业。

健全建筑市场信用和担保体系。 住房和城乡建设部会同国家发展改革委等部门印发《住房和城乡建设部等部门关于加快推进房屋建筑和市政基础设施工程实行工程担保制度的指导意见》（建市〔2019〕68号），推动完善工程担保制度，防范工程建设领域风险。研究制定实行建筑市场信用信息分级管理的政策措施，进一步完善信用监管政策体系。完善全国建筑市场监管公共服务平台，优化信息发布功能，截至 2020 年 10 月，平台共收录建设行业企业信息 46.97 万条，注册执业人员信息 299.23 万条，建设工程项目信息 180.98 万条，企业和人员诚信信息 6233 条，平台访问量达到 7.33 亿次。

加强建筑市场监管。 严厉查处建筑市场违法违规行为，修订出台《建筑工程施工发包与承包违法行为认定查处管理办法》（建市规〔2019〕1 号），2020 年上半年各地共查处存在建筑市场违法违规行为项目 9725 个，对 3562 家建设单位、7332 家施工企业、1463 名个人作出处罚或处理。深入开展工程建设领域专业技术人员职业资格"挂证"等违法违规行为专项整治，截至 2019 年 11 月底，全国共 133.8 万人次完成整改，住房和城乡建设部会同工信部、中央网信办等部门查封发布违规挂证信息的网站 95 家、微信公众号 122 个、个人 QQ 账号 594 个。组织开展工程建设行业专项整治，聚焦行业领域突出问题，整治规范市场秩序。加大对发生质量安全责任事故和存在资质申报弄虚作假行为的企业、人员的处罚力度，2019 年共对负有事故责任的 29 家建筑业企业、21 名一级建造师、25 家监理企业和 42 名注册监理工程师提出行政处罚意见送城管监督局；对资质申报中存在弄虚作假行为的 411 家企业进行通报批评，对通过弄虚作假取得资质的 30 家企业撤销其资质，并通过部门户网站、全国建筑市场监管公共服务平台向社会公布。会同有关司局组织开展全国建筑市场和工程质量安全监督执法检查，共检查 30 个省（区、市）的 134 个在建工程项目，对建筑市场违法违规问题较为突出的 23 个项目下发了执法建议书，并作为典型案例通报。

（二）质量安全

1. 工程质量监管

加强顶层设计，提升建筑品质。 报请国务院办公厅转发住房和城乡建设部《关于完善质量保障体系提升建筑工程品质的指导意见》，进一步明确完善质量保障体系的总体要求和重点任务。组织召开全国建筑工程品质提升推进会，制定部内任务分工方案，会同有关部门细化工作措施，督促指导地方制定落实方案。在《中国建设报》开设专栏，解读指导意见，梳理我国工程质量发展脉络，宣传地方好的做法和经验，持续营造全社会共同关心工程质量的良好氛围。

深入开展工程质量安全提升行动。 推动工程质量管理创新，研究制定关于落实建设单位首要质量责任的措施。推进建筑工程质量评价工作。积极开展住宅工程质量信息公示试点和监理报告、工程质量保险等质量提升行动试点。统筹开展全国建筑市场和工程质量安全监督执法检查，对28个项目下发执法建议书。部署开展全国在建安置住房和保障性住房质量专项排查，督促地方整改落实。

继续推动落实工程质量安全手册制度。 举办全国工程质量安全手册培训班和观摩会。选取部分地方和企业开展手册试点，督促指导地方和企业编制手册配套文件和操作细则，推动形成国家、省级和企业三级手册体系。在《中国建设报》开设专栏，加大手册宣传力度。

开展违规海砂专项治理。 遵照国务院领导同志指示批示精神，住房和城乡建设部会同自然资源部等7部门，开展海砂管理工作调研，研究提出进一步完善海砂管理的政策建议。开展预拌混凝土质量调研，研究加强预拌混凝土生产、运输、使用环节质量管理的措施。

认真调查处理工程质量问题和质量投诉。 全年共调查处理工程质量问题群众来信53件。遵照国务院领导同志指示批示精神，对9项安置房和保障性住房质量问题进行督办，责令地方限期查处。住房和城乡建设部工程质量安全监管司配合住房保障司赴陕西西安开展安置房质量问题调研督导。

夯实工程质量工作基础。 组织成立住房和城乡建设部科学技术委员会工程质量安全专业委员会。配合市场监管总局参加全国"质量月"活动。配合北京冬奥组委做好北京2022年冬奥会和冬残奥会筹办工作。组织开展工程质量评价指标体系等多个课题研究。

2. 建筑施工安全监管

深入开展建筑施工安全专项治理行动。 印发《住房和城乡建设部办公厅关于深入开展建筑施工安全专项治理行动的通知》（建办质〔2019〕18号），要求各地再部署再动员，深入开展建筑施工安全专项治理行动，重点抓好着力防范重大安全风险、加大事故查处问责力度、改革完善安全监管制度、提升安全综合治理能力等工作,进一步降低事故总量,坚决遏制重特大事故发生,促进全国建筑施工安全形势持续稳定好转。

组织开展住房和城乡建设领域安全生产隐患大排查。印发《住房和城乡建设部办公厅关于组织开展住房和城乡建设领域安全生产隐患大排查的紧急通知》(建办质函〔2019〕325号),要求各地组织开展住房和城乡建设领域安全生产隐患大排查。大排查期间,住房和城乡建设部会同应急管理部对重庆、安徽、四川等开展安全督查,全国各地住房和城乡建设主管部门共抽查项目163446个,排查安全隐患351677条,下达限期整改通知书58888份、执法建议书304份、停工或停业整顿通知书6437份。

规范加强事故查处问责。联合应急管理部印发《住房和城乡建设部应急管理部关于加强建筑施工安全事故责任企业人员处罚的意见》(建质规〔2019〕9号),严格落实建筑施工企业主要负责人、项目负责人和专职安全生产管理人员等责任,强化人员资格、社会信用等方面惩处措施。对每起较大及以上事故进行督办。对浙江、四川、安徽、江苏、辽宁、甘肃、山东、河北、广东等地区住房和城乡建设主管部门实施约谈,并会同应急管理部以国务院安委会办公室名义,对发生重大事故或社会影响较大事故的河北省衡水市、上海市长宁区、广西壮族自治区百色市人民政府进行约谈。

持续推进建筑施工安全长效机制建设。积极推进全国建筑施工安全监管信息系统建设,在实现数据共享基础上,加强各个地区各项业务协同,提升建筑施工安全监管效能。组织编写《房屋市政工程安全生产标准化指导图册》《建筑施工安全事故案例分析》《房屋市政工程施工安全较大及以上事故分析(2018年)》等,提高建筑施工人员安全素质,提升本质安全水平。印发《住房和城乡建设部办公厅关于进一步加强施工工地和道路扬尘管控工作的通知》(建办质〔2019〕23号),要求各地切实做好建筑施工扬尘污染治理工作。组织开展2019年住房和城乡建设系统"安全生产月"活动,举办安全生产宣传咨询日,宣传普及建筑施工安全知识。

3. 城市轨道交通工程质量安全监管

完善技术指南。组织征集近 10 年来城市轨道交通行业近百项新技术，印发《城市轨道交通工程创新技术指南》，指导各地结合实际推广应用。起草《城市轨道交通工程建设安全生产标准化管理技术指南》和《城市轨道交通工程地质风险控制技术指南》的征求意见稿。

加强隐患排查。住房和城乡建设部会同国家发展改革委部署开展全国城市轨道交通工程安全隐患大排查，要求各地全面彻底排查所有在建城市轨道交通项目安全隐患，加强源头把关、过程管控、强化责任追究、应急管理。召开城市轨道交通工程安全生产电视电话会议，通报 2019 年全国城市轨道交通工程质量安全监督执法检查情况及事故情况，要求各地加强城市轨道交通工程风险分级管控和隐患排查治理，坚决遏制生产安全事故发生。

加强监督检查。在全国建筑市场和工程质量安全监督执法检查中，对 27 个省会城市的轨道交通工程开展质量安全监督检查，抽检项目 111 个，涉及区间长度约 227 公里，车站面积约 287 万平方米。组织对 15 个城市的轨道交通工程质量安全开展调研和技术指导。通过 2018 年、2019 年两年检查调研，实现对全国 42 个城市轨道交通工程质量安全监督检查和调研全覆盖。

强化事故督办。组织现场调查，了解青岛地铁"5.27"较大事故及系列问题、杭州地铁"8.28"联络通道施工涌水事故、深圳地铁"8.27"轨行区交叉作业车辆伤害事故情况，及时了解广州"12.1"地铁涌水塌方和厦门"12.12"路面塌陷事故情况，督促地方住房和城乡建设主管部门和有关部门查明事故原因，依法依规对负有责任的企业和人员严肃处理。

加强培训交流。组织对有关省（区、市）170 余名城市轨道交通工程质量安全监管人员开展培训，解读质量安全政策和技术、分析近 10 年来较大及以上事故案例，观摩地铁深基坑坍塌事故应急救援演练，促进各地提升监管水平。调整组建住房和城乡建设部科技委城市轨道交通建设专业委员会，召开专业委员会、轨道交通质量安全联络员会议。

4. 勘察设计质量监管与行业技术进步

(1) 勘察设计质量监管

完善勘察质量监管制度。 开展《建设工程勘察质量管理办法》(建设部令第 115 号) 修订工作,形成征求意见稿并征求意见。

推进勘察质量监管方式创新。 在部分地区积极推进勘察质量管理信息化试点工作。组织勘察质量管理信息化、标准化工作调研。委托开展《勘察质量信息化监管数据共享机制研究》课题研究,形成《勘查质量监管信息系统数据标准》征求意见稿。

推进施工图审查制度改革。 根据国务院工作部署,配合工程建设审批制度改革小组,指导试点地区开展施工图审查改革试点工作。组织编制施工图联合审查技术要点,将消防审查、人防审查的有关技术内容纳入要点。

(2) 行业技术进步

推动行业技术进步。 牵头组织编制"致力于绿色发展的城乡建设"系列教材中的《绿色建造与转型发展》教材,明确绿色建造的内涵、目标和实施路径。组织成立住房和城乡建设部科技委绿色建造专业委员会并召开成立会议,研究部署绿色建造试点工作。开展绿色建造与建筑业转型发展课题研究,形成绿色建造技术导则、技术推广目录和有关政策建议。开展推进 BIM 应用政策措施课题研究,逐步完善我国工程 BIM 应用政策措施。组织开展第九批全国工程勘察设计大师评选工作,发挥示范引领作用,共评选出 60 名全国工程勘察设计大师。

5. 城乡建设抗震防灾

加强法规制度体系建设。 积极推进《建设工程抗震管理条例》立法进程,建立健全建设工程抗震管理机制,提升建设工程抗震管理法制化水平。开展《建设工程抗震管理条例》相关配套规章制度制修订研究,完善抗震管理制度体系,不断提升抗震管理规范化水平。

推动实施自然灾害防治重点工程。 认真落实中央财经委员会第三次会议自然灾害防治重点工程部署,积极配合牵头部门制定《全国自然灾害综合风险普查总体方案》和《地震易发区房屋设施加固工程总体工作方案》。紧密结合农村危房改造、8 度以上高烈度区农房抗震改造试点、城市棚户区改造，推动实施地震易发区城镇住宅和农村民居抗震加固工程。组织编制房屋建筑和市政设施调查工作指南、城镇住宅抗震鉴定加固技术导则及房屋建筑抗震加固工程案例集，为地方提供技术指导。

加强建筑工程抗震设防监管。在全国建筑市场和工程质量安全监督执法检查中督促落实工程建设抗震设防强制性标准，城镇新建房屋建筑工程抗震设防全部纳入工程质量监管体系，确保新建建筑普遍实现"小震不坏、中震可修、大震不倒"设防目标。加强超限高层建筑工程抗震设防审批制度实施监管，2019年，全国通过超限高层建筑工程抗震设防审批项目727项。积极推广隔震减震技术应用，2019年，新竣工的隔震减震工程约677项。加强抗震防灾专家队伍建设，成立住房和城乡建设部科技委建筑工程抗震设防专业委员会和超限高层建筑工程技术专业委员会，充分发挥专家智库作用。

提高地震应急响应能力。跟踪历次地震，适时指导或协助地方开展抢险救灾、应急评估等工作。2019年，对102次4级以上地震进行跟踪。四川省宜宾市长宁县6.0级地震发生后，启动Ⅲ级应急响应，及时指导帮助四川省开展抢险救援工作。开展震后应急抢险机制与能力建设研究，组织震后建筑安全评估培训和城镇住宅抗震性能检测检查培训。

6. 协调做好住房和城乡建设部安全办工作

全面部署安全生产工作。按照国务院安委会2019年安全生产工作要点的有关部署，制定住房和城乡建设部2019年安全生产工作要点。落实国务院办公厅《危险化学品安全综合治理方案》，印发《住房和城乡建设部办公厅关于进一步推进住房和城乡建设系统涉及危险化学品安全综合治理工作的通知》（建办质〔2019〕13号）。落实全国安全生产电视电话会议和《全国安全生产集中整治工作方案》要求，参加国务院督导江苏省安全生产专项整治相关工作，制定《住房和城乡建设领域安全生产集中整治工作实施方案》。

及时开展安全生产预警提醒。加强重点时期、敏感时段和极端天气的安全生产管理和突发事件应对的预警提醒，及时下发关于做好建设工程节后复工、汛期、国庆期间、岁末年初等关键节点安全防范工作的通知,督促各级住房和城乡建设主管部门、有关部门和单位,做好市政公用设施运行、建筑施工、房屋使用安全和城市管理监督等相关工作。

(三) 工程建设标准定额

继续深化标准改革。 成立了住房和城乡建设领域标准化工作领导小组。组织完成住房和城乡建设领域38项工程规范的两次公开征求意见,会同国务院有关部门、行业管理机构完成电子、煤炭、石化等行业的工程规范研编成果验收。

做好领导批示涉及的重点标准编制工作。 落实党和国家领导人重要批示,及时完成了《城市桥梁设计规范》和《城市道路交通设施设计规范》修订,完善《弹药工厂总平面设计标准》。完成了《托儿所、幼儿园建筑设计规范》修订,将更严格更细致的要求落实到《民用建筑工程室内环境污染控制规范》修订工作中。

加强标准规范编制管理。 组织相关单位积极开展标准编制工作,组织编制及批准发布工程建设标准247项。组织开展2019年工程建设标准复审工作,对现行2000余项工程建设标准提出了"合并、转移、废止、修订、继续有效"等意见。

开展工程建设标准国际化工作。 进一步深化民用建筑工程、市政基础设施工程、城乡规划、城市轨道交通4个领域标准国际化调研,组织开展工程建设标准"一带一路"国际化政策研究,指导上海、深圳、海南、福建等地率先探索推进工程建设标准国际化的路径和措施,开展中低速磁浮交通、石油化工、煤炭矿井等方面的工程建设标准英文版翻译工作。

全面推动工程建设造价管理改革。 一是确定了工程造价改革思路和措施,对部分省市试点工作批复。二是完善工程造价管理规章制度,对《工程造价咨询企业管理办法》《注册造价工程师管理办法》两个部门规章进行修改,进一步精简了申请证明事项。三是完善工程量清单计价体系,推进《建设工程工程量清单计价规范》和9本计量规范修订工作,完成《建筑工程建筑面积计算规范》和《房产测量规范》技术内容协调工作,组织编制《装配式建筑工程投资估算指标》。四是组织开展"工程造价标准体系及与国外标准体系对比研究""国际化工程造价专业人才培养"课题研究工作。五是组织编制《城市轨道交通工程分类与特征描述标准》《通用安装工程分类与特征描述标准》,开展"互联网＋BIM全过程工程造价计量计价标准""工程造价信息化中的大数据应用"课题研究。

(四) 地方政府举措

1. 提升住宅工程质量

北京市开展住宅工程质量提升专项行动,重点是政策性住房。2019年8月12日,北京市住房和城乡建设委员会发布通知,决定开展为期一年的住宅工程质量提升专项行动,严肃查处房屋渗漏、结构和饰面层裂缝等住宅工程常见质量问题严重的项目。在建以及交付两年以内的住宅工程均纳入此次行动范围,重点是定向安置房(含回迁安置房、棚改安置房、一级开发类安置房、重点工程类安置房)、经济适用房、限价商品房、共有产权房、公共租赁房等政策性住房工程。要求夯实建设单位、施工单位、监理单位、项目负责人及从业人员参建主体及相关人员质量责任。同时,要规范住宅工程建筑市场秩序。规范工程发包和承包活动,加大对建筑市场的检查力度,严厉打击虚假招标、围标串标、违法发包、肢解发包、指定分包、转包、违法分包、挂靠等违法违规行为,并加强企业资质动态监管,严格施工许可审批,严厉打击未批先建等违法违规行为。加强施工关键环节质量管理。加强预拌混凝土质量治理;加快推进住宅工程质量行为规范化和工程实体质量控制程序化,全面推行《工程质量安全手册》;加强工程质量检测管理;严格建筑材料质量管理;切实落实住宅工程分户验收制度,确保住宅交付使用前质量合格,严肃查处未按照规定进行分户验收或验收不合格进行竣工验收等违法违规行为。要落实质量保修责任。落实交付使用前查验制度,强化建设单位质量保修突出问题治理,推进住宅工程质量潜在缺陷保险,建立健全工程质量风险管控体系,全面提升住宅工程质量水平。此外,要建立"黑名单"制度。对存在未开展专项提升工作、专项提升工作开展不积极、质量问题治理成效不明显、质量投诉较多等现象的责任主体,给予媒体曝光、通报批评等处理，情节严重的，将依据相关法律法规及政策文件将其列入建筑市场主体"黑名单"。2020年4月21日，《北京市住房和城乡建设委员会关于开展既有住宅外墙外保温系统缺陷排查的通知》发布，要求建立外墙外保温系统的周期性检查制度，业主单位和物业服务企业应依据《建筑外墙外保温系统修缮标准》等有关规定，根据住宅外墙外保温系统使用年限对外墙外保温系统进行周期性检查。对于已使用年限不大于9年的，3年检查一次；使用年限大于9年，小于15年的，2年检查一次；使用年限大于等于15年的，每年检查1次；汛期、大风等极端天气条件下应加大检查频次。外墙外保温系统存在缺陷需要进行修缮的，在保修期限内的，由建设单位、施工单位根据合同约定履行保修义务；超过保修期限的，由业主单位或物业服务企业按照《北京市住宅专项维修资金管理办法》《北京市住宅维修资金使用审核标准》等有关规定，使用住宅专项维修资金进行修缮。

北京市"住宅质量潜在缺陷保险"正式推行。《北京市住宅工程质量潜在缺陷保险暂行管理办法》2019年4月24日发布，有效期至2024年4月30日。自发布之日起在北京市新购房的业主若发现房屋相关质量缺陷，可向保险公司提出索赔申请。住宅工程质量潜在缺陷保险的基本承保范围为地基基础工程和主体结构工程、保温和防水工程。新建住宅工程将强制上保险，本办法所称住宅工程质量潜在缺陷保险，是指由住宅工程建设单位投保的，保险公司根据保险条款约定，对在保险范围和保险期间内出现的因工程质量潜在缺陷所导致的投保建筑物损坏，履行赔偿义务的保险。住宅工程，包括住宅工程和在同一物业管理区域内其他建筑物。本办法所称工程质量潜在缺陷，是指住宅工程在竣工验收时未能发现的，因勘察、设计、施工、监理及建筑材料、建筑构配件和设备等原因造成的工程质量不符合工程建设标准、施工图设计文件或合同要求，并在使用过程中暴露出的质量缺陷。建设单位投保缺陷保险的保险期间，地基基础和主体结构工程为10年，保温和防水工程为5年。保险责任开始时间自建设工程竣工验收合格2年之日起算。擅自拆改承重墙等不属保险范围。保险期内住宅保险权益随所有权转让。以公开招标方式选择保险公司，缺陷保险的承保采取共保模式。共保体由牵头保险公司和至少两家成员保险公司组成,并实行统一保险条款、统一保险费率、统一理赔服务、统一分配份额、统一信息平台。

《北京市住宅工程质量潜在缺陷保险暂行管理办法》(摘要)
保险范围及责任

一、缺陷保险的基本承保范围为地基基础和主体结构工程、保温和防水工程,具体范围按照《建筑工程施工质量验收统一标准》GB 50300 的规定执行。

(一)地基基础和主体结构工程缺陷包括:1.整体或局部倒塌;2.地基产生超出设计规范允许的不均匀沉降;3.基础和主体结构部位出现影响结构安全的裂缝、变形、破损、断裂;4.阳台、雨篷、挑檐、空调板等悬挑构件出现影响使用安全的裂缝、变形、破损、断裂;5.外墙面脱落、坍塌等影响使用安全的质量缺陷;6.其他地基基础和主体结构部位出现的影响结构安全的工程质量潜在缺陷。

(二)保温和防水工程缺陷包括:1.围护结构的保温层破损、脱落;2.地下、屋面、厕浴间防水渗漏;3.外墙(包括外窗与外墙交接处)渗漏;4.其他有防水要求的部位渗漏。

建设单位投保缺陷保险的保险期间,地基基础和主体结构工程为 10 年,保温和防水工程为 5 年。保险责任开始时间自建设工程竣工验收合格 2 年之日起算。

住宅工程在竣工验收合格之日至保险责任开始时间内出现的工程质量潜在缺陷,由建设单位负责组织维修。保险期间届满后交房的住宅工程,建设单位应当在交房前 15 日通知保险公司、业主共同验收,若存在质量缺陷,由建设单位承担维修或赔偿责任。

保险合同约定的保险范围和保险期间之内,由保险公司履行维修或赔偿责任;保险合同约定的保险范围之外或保险期间到期之后的工程保修范围和保修期间,执行国家和本市法律法规和标准的有关规定,但对于保险期间届满后交房的,业主在交房之日起 6 个月内,发现承保范围内的建筑存在质量缺陷的,由保险公司承担维修或赔偿责任。

二、保险公司对以下项目可以附加险的方式为建设单位提供保险服务：建筑装饰装修工程、建筑给水排水及供暖工程、通风与空调工程、建筑电气工程、智能建筑工程、建筑节能工程、电梯工程等。

附加险的具体保险范围、保险期间和保险责任开始时间等由建设单位和保险公司在保险合同中约定。

三、鼓励勘察、设计、施工、监理、预拌混凝土生产及建筑预制构配件生产供应等有关单位及其人员投保工程质量责任保险。施工单位投保工程质量责任保险的，建设单位不得预留工程质量保证金。

鼓励缺陷保险与建筑安装工程一切险、参建主体责任险等工程类保险综合实施，全面降低工程质量风险。

四、存在下列情形之一的，不属于保险责任范围：

（一）房屋所有权人或使用人超过设计标准增大荷载、擅自拆改房屋承重结构、擅自改变设备位置等未按照《房屋建筑使用说明书》相关要求或设计用途正常使用造成的质量缺陷；

（二）在房屋使用过程中，因房屋所有权人或使用人以外的第三方造成的质量缺陷；

（三）合同约定的不可抗力造成的质量缺陷。

五、建设单位应当以书面形式向相关参建单位告知投保缺陷保险的相关情况，明确参建单位配合保险公司开展工程质量风险评估工作的相关义务。

投保与承保

一、投保缺陷保险的建设单位应当在办理施工许可手续前，与保险公司签订书面保险合同，并一次性支付合同约定的保险费（其中，含不高于保险费30%的风险管理费用）。

一个工程项目作为一个保险标的，出具一份保险单，保险合同涵盖的范围包括投保的住宅工程和同一物业管理区域内的其他建筑物，保险公司在该保单项下承担的最大赔偿限额为保单记载的保险金额。

保险公司应当制定工程质量风险评估实施方案、保险告知书、保险理赔应急预案等,并经建设单位确认后,作为保险合同的附件。

保险公司在最终评价报告中指出建设项目存在严重质量缺陷,且在竣工时没有得到实质性整改的,不得通过该建设项目的竣工验收。

二、保险公司按照法律法规及有关规定,根据建设工程风险程度、工程技术复杂程度、参建单位企业资质和诚信情况、风险管理要求、历史理赔数据、再保险市场状况等,公平、合理拟订缺陷保险的保险条款和保险费率,并对保险条款和保险费率依法承担责任。

保险公司按照建筑安装工程总造价的预算价计算保险费,建设单位及时支付合同约定的保险费用。

投保地基基础和主体结构工程、保温和防水工程缺陷保险的不计免赔额,其他附加险免赔额由建设单位与保险公司在保险合同中约定。

三、保险公司按照规定将缺陷保险的保险条款和保险费率报送保险监督管理部门核准,需修改保险条款或保险费率的,按照有关规定重新报送核准。保险公司严格执行核准后的保险条款和保险费率。

四、保险公司编制《工程质量潜在缺陷保险告知书》,内容包括保险范围、保险期间、保险责任开始时间、保险理赔流程、负责保险理赔工作的部门及其联系方式、业主变更通知义务等。在业主办理房屋交付手续时,建设单位将《工程质量潜在缺陷保险告知书》随《房屋建筑质量保证书》《房屋建筑使用说明书》一并交付业主。

五、保险合同依法成立后,建设单位如要解除合同、变更保险公司或者变更保险合同内容,对已经销售的住宅工程,应当征得全部买受人的书面同意。

保险合同生效后，建设单位依法解散、破产的，保险公司承担保险合同约定的保险责任。

在保险期间内住宅或者其他建筑物所有权转让的，保险标的受让人承继建设单位本保单下的权益。

六、缺陷保险的承保采取共保模式。

共保体由牵头保险公司和至少两家成员保险公司组成，并实行统一保险条款、统一保险费率、统一理赔服务、统一分配份额、统一信息平台。

由市住房城乡建设、金融监管部门通过公开招标方式，选择注册资本金充裕，综合偿付能力充足，风险管理能力强，承保理赔服务优质，具有一定的缺陷保险承保经验，信用良好的保险公司，供建设单位投保时选择。

七、保险公司应当建立缺陷保险信息平台，所有承保缺陷保险和责任保险的保险公司应将承保信息、工程质量风险评估信息和理赔信息等录入该信息平台。

工程质量风险管理

一、保险公司制定的工程质量风险评估实施方案，应包括具体实施工程质量风险评估的机构及其人员情况，工程质量风险评估的具体实施范围、实施计划、关键节点、重点工序，需要建设单位配合的具体事项和通知义务等。

二、缺陷保险合同签订后，保险公司应当委托建设工程质量风险管理机构（以下简称风险管理机构）实施风险管理。保险公司应当与风险管理机构签订书面委托合同，依法约定双方的权利和义务。

风险管理机构不得与该工程参建单位存在关联关系，不得直接或间接参与该工程的勘察、设计、施工、监理和材料供应等工作。

风险管理机构按照法律法规、工程建设标准、施工图设计文件和保险合同的要求，对建设工程实施工程质量风险评估，并向保险公司和建设单位出具工程质量风险过程评估报告和最终评估报告，评估报告应当明确检查发现的质量缺陷和整改情况。

建设单位接到评估报告后应当责成施工单位及时整改质量缺陷问题。保险公司和建设单位就报告中工程质量缺陷认定存在争议的，按照保险合同中双方约定的方式解决。

三、鼓励建设工程相关行业协会、全过程工程咨询机构等社会中介机构积极参与缺陷保险制度实施，充分发挥专业作用。

保险理赔

一、业主在缺陷保险的保险期间内或期间届满后交房且业主在交房之日起6个月内发现工程存在保险范围内的质量缺陷的，可以向保险公司提出索赔申请。

保险公司收到索赔申请后，应当在二日内派员现场查勘。保险公司应当在收到业主索赔申请后的七日内作出核定；情形复杂的应当在三十日内作出核定，并将核定结果通知业主。

对属于保险责任的，保险公司应当自与业主达成赔偿协议之日起七日内履行维修或赔偿义务。对不属于保险责任的，保险公司应当自作出核定之日起三日内向业主发出不予赔偿通知书，并说明不予赔偿的理由。

保险公司应当制定充分保护业主权益的理赔操作规程，并向保险监管部门报告。

二、保险公司应当建立科学、合理、高效的工程质量潜在缺陷理赔体系，优化理赔制度，制定理赔应急预案，提供专业、快速的理赔服务。保险理赔受理、现场查勘、索赔核定、理赔维修等具体服务标准由建设单位和保险公司在保险合同中约定。

三、业主和保险公司对保险责任范围和维修结果是否符合要求存在争议的，业主可以与保险公司共同委托具有工程质量检测专业资质和司法鉴定资格的第三方工程质量检测鉴定机构进行检测鉴定。鉴定结果属于保险责任的，检测鉴定费用由保险公司承担；鉴定结果不属于保险责任的，检测鉴定费用由业主承担。

> 对赔偿金额存在争议的，业主可以与保险公司共同委托具有相应司法鉴定资格的房屋质量缺陷损失评估机构进行评估。
>
> 四、保险公司制定《保险理赔应急预案》，应急预案明确保险理赔应急预案启动的具体情形、应急流程和采取的应急措施等。
>
> 对于影响基本生活且属于保险责任范围内的索赔申请，保险公司在收到索赔申请后的合同约定时限内先行组织维修，同时完成现场查勘。

湖北省首发商品住宅质量合格证。2019年10月，湖北省着手推进"住宅工程按套出具质量合格证"，并在宜昌、襄阳、黄冈试点，组织施工、监理等参建单位对每套住宅的使用安全、功能、观感质量等逐项验收，一户一档，每套住房的档案都需各参建单位责任人签字。分户验收合格才能组织整个楼盘竣工验收，全部通过验收后，由楼盘建设单位或开发商出具《住宅质量合格证》。2020年1月16日，襄阳市恒大翡翠华庭楼盘的10名业主分别领到一本《住宅质量合格证》，系全国首发。《住宅质量合格证》上，商品住宅项目名称、住宅房号、建设单位、项目负责人、售后部门及电话、验收时间、验收结论等信息一目了然，还有施工许可编号和企业自编序号及建设单位法人公章。如住房出现质量问题，业主一看合格证就知道找谁处理。

四川省建立质量信用档案和不良记录公示制度，严管保障房和安置房质量问题。2020年8月11日，四川省住房和城乡建设厅与省自然资源厅联合下发《关于进一步加强保障性住房和安置房质量管理的通知》，加强和改进保障性住房和安置房质量管理。通知自印发之日起30日后施行，有效期5年。通知提出，要加强保障房和安置房的规划建设管理，自然资源部门对保障性住房和安置房规划选址、规划设计方案（房屋间距、建筑朝向、户型布局、绿化及配套等）进行审查，加强基础设施和公共服务配套审查，满足居民使用需求；住房和城乡建设部门则要积极配合、深度参与保障性住房的设计、验收等环节，确保保障性住房质量不低于普通商品住房。通知进一步明确和强调要落实建设单位、勘察设计单位、施工单位、监理单位等各个环节相关单位的主体责任，提出建设单位对保障性住房和安置房质量负首要责任。同时提出要加强原材料质量控制、工序质量控制、重要分部（子分部）工程质量验收、竣工验收监督。在健全长效机制上，通知明确提出，要建立保障性住房和安置房质量信用档案和不良记录公示制度，对在保障性住房和安置房建设过程中违反工程建设强制性标准的行为以及使用后投诉处理等情况进行记录，并向社会公布。对经查实的违法、违规行为要依法进行处罚。保障性住房和安置房建成后，建设单位要设置保障性住房永久标识，接受社会监督。

《四川省住房和城乡建设厅 四川省自然资源厅关于进一步加强保障性住房和安置房质量管理的通知》（摘要）

一、加强规划建设管理

自然资源部门要按照有关法律、法规要求，对保障性住房和安置房规划选址、规划设计方案（房屋间距、建筑朝向、户型布局、绿化及配套等）进行审查，严格执行《城市居住区规划设计规范》等要求，加强基础设施和公共服务配套审查，使保障性住房和安置房有相适应的道路、供水、供电、供气、通信、污水与垃圾处理等市政基础配套设施和教育、医疗卫生、文化体育、商业服务、金融邮电、社区服务、行政管理等公共服务配套设施，满足居民使用需求，促进职住平衡。

住房城乡建设部门要按照保障性住房和安置房在建设业主、投资造价、工期进度、使用对象及质量等方面要求，严格执行施工图审查、工程招投标、质量安全监督、施工许可、工程监理、竣工验收备案、工程质量保修等规定。住房保障部门要将服务端口前移，积极配合、深度参与保障性住房的设计、验收等环节，确保保障性住房质量不低于普通商品住房，进一步完善保障性住房房源和保障对象清单"两张清单"。

二、严格落实主体责任

（一）落实建设单位责任。建设单位对保障性住房和安置房质量负首要责任。要依法加强对勘察、设计、施工过程的质量控制，保证工程建设合理造价和工期，不得随意压缩合理工期，不得迫使承包方以低于成本的价格竞标；不得明示或暗示设计、施工单位违反工程建设强制性标准，降低质量标准；不得违规发包、肢解分包工程；严格按合同约定支付工程款，防止因片面压价、随意压缩合理工期、拖欠工程款等原因导致质量问题的发生。

（二）落实勘察、设计单位责任。勘察单位要按照工程建设强制性标准进行勘察，增强勘察人员的质量责任意识，严禁虚假勘察，确保勘察成果资料的真实性和准确性；设计单位要建立健全质量管理体系，加强设计过程质量控制，保证设计深度。保障性住房和安置房施工图设计要按照相关规范标准，满足住宅对采光、隔声、节能、通风、公共卫生和消防等要求，做到功能齐全、布局合理、节能环保、经济适用；对易产生质量通病的部位和环节，要实施优化及细化设计，明确施工要求，从源头上提高保障性住房和安置房建设水平。

（三）落实施工单位责任。施工单位要健全质量保证体系，建立质量责任制，制定质量保证措施，落实工程质量安全手册制度，确定具备资格的工程项目负责人、技术负责人、专职安全生产管理人员及其他施工管理人员；严格按照经审查机构审查合格的施工图设计文件和技术标准进行施工；严格执行材料进场检验、工序检查制度，不得偷工减料，严禁使用不合格的建筑材料。

（四）落实监理单位责任。监理单位要审查施工单位提出的质量通病防治方案，编制质量通病防治监理实施细则；对不符合规定的工程材料、构配件、设备要下达监理通知单，要求撤出施工现场；对容易产生质量通病的部位加强旁站、巡视和平行检验，发现不满足施工图设计文件和技术标准的质量问题下发监理通知单，要求整改并进行复查，对存在重大质量安全隐患的，应及时向主管部门报告；根据监理合同约定，在保修阶段参与质量通病的处理。

三、严格质量过程管控

（一）加强原材料质量控制。施工、监理单位要认真做好建筑材料的见证取样和送检，严格控制好钢材、水泥、砌体材料等主要原材料和预拌商品混凝土的进场验收及复检工作，严禁弄虚作假，做到没有出厂合格证的，不得进场，进场后抽样检验不合格的，不得使用。

（二）加强工序质量控制。施工单位要健全施工过程质量检查验收制度，对每道工序要严格履行施工班组自检、质检员专检和作业班组之间交接检查的制度，以工序质量确保最终工程质量，切实防范屋面墙面渗水，砌体混合砂浆抹灰面层空鼓、开裂，混凝土表面蜂窝、麻面等质量通病。监理单位要严格按照相关专业验收规范和施工组织设计、施工方案要求，对工序施工全过程进行监控，严格组织检验批验收，对不符合要求的，严禁签字放行。

（三）加强重要分部（子分部）工程质量验收。参建各方主体要按照法律、法规和验收规范的要求，重点对桩基工程、地基基础工程、主体结构和建筑节能等分部（子分部）工程进行验收，不得擅自简化验收程序、降低验收标准。要做好屋面防水、外窗淋水、厕浴间蓄水和排水管道通球试验等重要使用功能的检查验收工作；验收过程中对工程进场建筑材料合格证、检验报告、有关施工和隐蔽验收记录，以及涉及结构安全和功能性的检验试验记录等质量控制资料进行全面核查。

（四）加强竣工验收监督。竣工验收前，建设单位要全面实施分户验收，分户验收不合格的，不得组织竣工验收。保障性住房和安置房交付使用时，要确保供水、供电、电信等设施达到使用要求。质量监督机构应加强对工程竣工验收的监督检查，对竣工验收程序不符合有关规定，或工程实体质量和使用功能存在明显缺陷的，或违反工程建设强制性标准行为的，要责令整改，依法应当受到行政处罚的，要及时移交有权机关；经整改合格后，建设单位依法重新组织竣工验收。竣工验收合格的保障性住房和安置房工程应按规定及时办理竣工验收备案和城建档案移交工作。

四、进一步构建长效机制

（一）加大监督检查力度。各地要针对现状，明确重点，有的放矢。在监管环节上，要加大对勘察、设计深度不足、擅自变更设计等行为的查处；在监管内容上，要切实抓好钢筋、预拌混凝土、管桩基础等工程的检查，重点整治影响使用功能的渗、漏、裂等质量通病；在监管方式上，要充分运用仪器、设备等科学手段进行实体监督抽测抽查，提高威慑力。

（二）完善投诉处理制度。各地要建立健全保障性住房和安置房质量投诉举报制度，公布投诉电话、责任人，拓宽民情反映渠道，健全舆论监督机制。要建立保障性住房和安置房质量信用档案和不良记录公示制度，对在保障性住房和安置房建设过程中违反工程建设强制性标准的行为以及使用后投诉处理等情况进行记录，并向社会公布。对经查实的违法、违规行为要依法进行处罚。保障性住房和安置房建成后，建设单位要设置保障性住房永久标识，接受社会监督。

（三）建立回访保修机制。各地要结合实际，建立健全工作机制，制定工作方案，认真督促参建主体及时履行质量保修责任，要定期对保障性住房和安置房的回访保修工作情况进行督查，发现建设、施工单位不履行保修义务或者拖延履行保修义务的，及时责令改正，并依照《建设工程质量管理条例》《房屋建筑工程质量保修办法》予以处罚。

（四）建立健全后期管理机制。各地要积极采取政府购买服务方式，引入企业或其他机构参与保障性住房维修、养护等管理服务，特别是对建成年代久远的保障性住房，要加强巡查检查和日常维修养护；积极探索试点"工程潜在质量缺陷保险"，构建风险管理机制和后期维护机制，有效提升工程的质量水平，落实建筑保修义务。对有住宅专项维修资金的保障性住房和安置房小区，要指导业主及时将住宅专项维修资金用于共用部位、共用设施设备保修期满后的维修、更新和改造。

2. 开展钢结构装配式住宅建设试点

钢结构建筑具有绿色环保、钢材可循环利用、抗震性能优良、施工周期短、适合装配式建造等诸多优势。大力发展钢结构建筑，可有效提高建筑物抗震性能，减轻地震危害；有利于提高钢材消费层次，消化钢铁过剩产能，形成钢材战略储备；能够明显减少建筑垃圾和扬尘污染，缩短建造工期，提升工程质量。住房和城乡建设部高度重视推广应用钢结构建筑，将推广钢结构装配式住宅建设工作列入了 2019 年重点工作。部分省（区、市）开展了钢结构装配式住宅建设试点工作。通过试点，提升钢结构构配件标准化水平，助推钢材生产和钢结构建造的上下游联动，形成具有核心竞争力和行业带动力的钢结构装配式住宅建设产业链，逐步建立成熟的钢结构装配式住宅建设体系。

多省推进钢结构装配式住宅建设试点。 2019 年，住房和城乡建设部批复了浙江、山东、湖南、四川、江西、河南、青海 7 个省份开展钢结构住宅建设试点，积极开展技术创新和工程实践，在完善标准规范、优化技术体系、提升产业能力、建设试点项目等方面取得了一定进展，发展基础逐步夯实，形成了以试点省引领行业突破的工作格局。

《山东省推进钢结构装配式住宅建设试点方案》（摘要）

试点目标

到 2020 年，初步建立符合山东省实际的钢结构装配式住宅技术标准体系、质量安全监管体系，形成完善的钢结构装配式住宅产业链条。到 2021 年，全省新建钢结构装配式住宅 300 万平方米以上，其中重点推广地区新建钢结构装配式住宅 200 万平方米以上，基本形成鲁西南、鲁中和胶东地区钢结构建筑产业集群。

主要任务

（一）加快推广应用。重点推广地区新建商品住宅项目及保障性住房、棚户区改造安置住房等政府投资或主导的新建住宅项目按规定比例采用钢结构装配式建设，农村住房建设试点示范县（市、区）、农村危房改造、抗震改造试点按规定比例采用钢结构装配式建设，具体比例由各设区市确定；鼓励其他地区新建商品住宅和政府投资或主导的新建住宅项目采用钢结构装配式建设。结合乡村振兴战略和美丽乡村建设，鼓励黄河滩区迁建安置农房、农村住房建设试点示范县（市、区）、农村危房改造、抗震改造试点等采用钢结构装配式建设，引导广大农村居民自建住房采用轻型钢框架结构、低层冷弯薄壁型钢结构等结构形式建设。

（二）完善产业链条。引导钢铁生产企业优化调整产品结构，开发高性能防火、防腐产品和标准化建筑用钢。引导钢构件生产企业更新生产装备、改进生产工艺，提升自动化加工水平。引导传统建材企业向新型建材企业转型，大力发展与钢结构装配式住宅配套的新型墙楼板、门窗等绿色建材。支持有实力的配套部品生产企业开发防火与装饰装修、结构保温一体化的技术和产品，提高配套部品的标准化、系列化和通用化水平。

（三）加强科技攻关。组织开展钢结构装配式住宅共性关键技术攻关，重点研发适宜山东特点、具有自主知识产权的钢结构装配式住宅主体结构技术体系和满足居住建筑75％节能标准的围护体系及高效连接、防渗、防腐、防火、抗裂、隔声等技术，着力解决钢结构主体与外墙板、内墙板、楼板等部件的连接问题。支持优势钢结构龙头企业牵头建设技术创新中心，联合"政产学研金服用"各方，整合创新资源、形成创新合作网络，合力开展技术攻关。

（四）健全标准体系。编制钢结构装配式住宅施工工艺及检验、钢构件制作及建筑模数与部品部件协调、户型标准化设计、一体化装修等地方标准，逐步建立完善覆盖设计、生产、施工、验收、运营维护等全过程的钢结构装配式住宅标准体系。开发模数统一、规格一致的钢结构常用构配件，提升构配件生产标准化水平，减少二次加工。鼓励社会组织编制团体标准，增加钢结构装配式住宅标准的有效供给。

（五）推广适用技术。加大建筑信息模型（BIM）等技术应用力度，鼓励建设钢结构建筑产业信息协作平台和BIM协同管理平台。大力推行标准化设计，积极推广施工组织信息化管理、物流运输管理、构件吊装、安全可靠的部品构件连接等技术和耐火耐腐钢材,鼓励施工企业创新施工组织方式、推行绿色施工,及时编制技术导则、技术指南,适时发布推广、限制、禁止使用技术产品目录。

(六)创新监管服务。钢结构装配式住宅原则上采用工程总承包模式,推行全过程工程咨询。推进钢结构企业向工程总承包企业转型,具备一级钢结构工程专业承包资质的企业经山东省住房城乡建设厅推荐,可向住房和城乡建设部申请钢结构施工总承包试点;具备二级钢结构工程专业承包资质的企业经山东省住房城乡建设厅认定,可颁发房建施工总承包二级资质证书,承揽相应等级的钢结构装配式住宅工程施工总承包级业务。

(七)培养人才队伍。建立多层面的钢结构装配式住宅专业人才培训体系,积极开展高级人才知识更新、专业技术人员继续教育、一线工人技能竞赛等工作,支持行业协会、职业院校、企业合作开展相关技术实践培训,加快培养一批满足钢结构装配式住宅发展需求的多层次专业人员。指导钢结构装配式住宅相关企业,以专业技术人员、一线技能工人等为重点,采取自主培训或委托培训方式,开展岗前培训、技术培训、技能提升等多种形式的岗位培训活动。

(八)确保质量安全。落实钢结构装配式住宅项目各方主体责任,建立健全质量安全管理体系,规范部品部件出厂证明资料,编制关键工序、关键部位质量安全控制资料和专项方案。健全部品部件生产过程质量管控机制,实施首批部件建设、监理驻厂监造制度。加大钢结构装配式住宅工程质量安全检查力度,强化对参建主体质量安全行为和实体质量安全情况的监督检查。积极推行工程质量担保和保险制度,完善工程质量追责赔偿机制。

3. 加强制订建筑节能设计标准

福建高标准要求建筑节能设计。 2019年2月,福建省住房和城乡建设厅发布公共建筑和居住建筑节能设计标准,要求自2019年6月1

日起,新建、扩建、改建的民用建筑按此标准设计。标准将福建省夏热冬冷地区和夏热冬暖地区民用建筑的建筑节能率分别提升至65%、70%,是高于现行国家民用建筑节能标准的地方标准。标准结合当地气候、产业、资源禀赋等特点,提升了建筑外窗、外墙、屋面及空调等用能设备的节能设计指标,对遮阳措施、外墙热工性能计算方法以及空调、给排水、电气等产品性能和技术措施进一步细化,引导太阳能光热光伏、地源热泵、高效空气源热泵等可再生能源技术应用。设计单位编制的设计文件要将建筑节能技术措施纳入相应专业的绿色建筑专篇,不再单独编制建筑节能专篇和节能报审表。根据工程建设项目审批制度改革要求,福建各地不要求建筑节能设计审查进行备案。

陕西省新增建筑节能设计标准。陕西省推广应用标准设计《建筑节能与结构一体化框架结构外墙自保温砌块系统构造图集—砂加气混凝土砌块》,于2019年2月19日经省住房和城乡建设厅组织有关部门和专家审定通过,并批准发布,标准编号为陕2019TJ043,自发布之日起实施。

4. 加快绿色建筑发展

内蒙古自治区出台《内蒙古自治区民用建筑节能和绿色建筑发展条例》。该条例于2019年9月1日正式施行。条例将建筑面积5万平方米以上的居住小区列入绿色建筑执行范围,基本涵盖了全区大部分居住小区开发项目,绿色建筑项目将享受税费优惠、奖励加分等扶持政策。推动国家机关办公建筑、保障性住房、政府投资的公益性建筑、单体建筑面积2万平方米以上大型公共建筑、5万平方米住宅小区、新建城区和绿色生态小区全面执行绿色建筑标准,引导房地产开发项目按照绿色建筑标准建设,到2020年绿色建筑占新建建筑比例力争达到50%。

湖南省绿色建筑行业峰会召开。2019年10月16日,湖南省绿色建筑行业峰会召开,此次会议是2019湖南筑博会的子活动,省住房和城乡建设厅表示,将绿色建筑相关工作纳入法制化管理,协助相关部门全力推进《湖南省绿色建筑发展条例》出台。会议资料显示,湖南省绿色建筑发展10年来,累计取得绿色建筑标识项目557项,建筑面积约6058.264万平方米,标识数居全国第六位。湖南省住房和城乡建设厅、省发展改革委、省科技厅等6部门2018年底联合印发的《关于大力推进建筑领域向高质量高品质绿色发展的若干意见》提出，到2020年要实现市州中心城市新建民用建筑100%达到绿色建筑标准，市州中心城市绿色装配式建筑占新建建筑比例达到30%以上。

5. 创新培育建筑产业工人

多省推进建筑产业工人队伍培育试点工作。2019年以来，江苏、浙江、广西、河南、四川等建筑产业工人队伍培育试点省份积极推进新时代建筑产业工人队伍建设改革工作，在加强建筑工人技能培训、推进建筑工人实名制管理、深化建筑用工制度改革等方面取得巨大进展。一是加强建筑工人技能培训。浙江省住房和城乡建设厅将建筑行业184个工种、12个特种作业工种以及农村建筑工匠、建筑装配式工人的技能培训纳入省职业技能提升行动。河南省出台《河南省住房城乡建设行业建筑工人职业培训考核实施细则》等多个加强建筑工人培训的文件，编写22个职业（工种）的培训教材、试题库及装配式工种的专项职业能力考核规范，组织录制装配式工种培训视频，明确32家装配式人才培养基地，并充分发挥技能竞赛引领作用，进一步夯实建筑工人技能提升的基础。二是推进建筑工人实名制管理。江苏省明确将农民工工资保证金缴存与建筑企业信用等级挂钩，充分利用信息化管理平台推进长效管理机制建设，力求实现从"防治欠薪"向"根治欠薪"的转变。截至目前，江苏省建筑工人实名制信息管理服务系统已做到了市、县、区全覆盖。广西壮族自治区建立广西建筑农民工实名制管理平台，在全国首创"一人一卡、全区通用"农民工实名制管理模式，在解决拖欠农民工工资问题方面取得明显成效。三是深化建筑用工制度改革。四川省住房和城乡建设厅支持具有一定管理能力的班组长与建筑工人合伙出资设立专业作业企业，并鼓励有一定规模和管理能力的劳务企业通过引进人才、购置设备、收购、兼并、重组、改进管理模式等形式，向总承包和专业承包企业转型。江苏省鼓励企业建设相关建筑服务产业园区，通过定期对园区内各个劳务企业的指导培训，使劳务企业逐步摆脱"空壳开票公司"的运作方式，将劳务服务做实做优，促进了产业园自有建筑工人有效流动和有效管理。

江苏省建筑产业工人队伍培育试点工作方案（2020—2022年）（摘要）

工作目标

在全省范围内开展试点工作，实施一批有利于建筑产业工人队伍发展壮大的试点项目，结合建筑产业现代化示范基地建设，各设区市可以根据实际，选择若干总承包企业、专业承包企业、专业作业企业和劳务企业为试点企业。鼓励在装配式建筑构件生产企业、古建筑企业、装饰装修企业、建筑安装企业、钢结构企业中选择试点，使用农民工较多的市政、园林施工企业、在苏央企也可参与。全省范围内重点培育1~2个"互联网＋人力资源"服务平台，1~2个建筑人力资源产业园，若干个省级产教融合型企业。到2022年年底，全省试点企业形成有利于建筑产业工人队伍培育和发展的劳动用工制度，稳定就业人员比例较大幅度提升。建筑产业工人教育培训和技能评价体系逐步完善，试点企业建筑工人职业素质普遍提升。建筑工人劳动环境有较大改善，职业认同感、安全感、获得感普遍提升。形成一批可借鉴、可复制、可推广的范例和较通畅的职业化发展路径。

主要任务

（一）实施劳务用工制度改革行动

1. 强化企业自有工人队伍培养。施工总承包和专业承包企业，特别是特种作业、建筑装饰、古建修缮等专业技术技能密集型企业应当以中高技能工人为主，培育一定数量自有、稳定的工人队伍。试点总承包企业成立的全资专业作业企业可以视为该总承包企业的自有工人队伍，分包其自有工程项目作业任务时，不受专业作业企业的专业限制要求。

2. 大力发展专业作业企业。鼓励和引导有一定技术、管理能力的劳务班组或者建筑产业工人成立专业作业企业，推进企业员工化、专业化、公司化管理，促进专业作业企业成长为未来吸纳建筑工人的主要载体。加大政策扶持力度，对符合小微企业条件的专业作业企业落实各项优惠政策。鼓励专业作业企业与相关建筑施工承包企业建立长期稳定的合作关系，及时输送满足需要的技术工人。鼓励各设区市培育品牌和龙头专业作业企业，发挥引领和示范效应，支持有条件地区创建建筑人力资源产业园，促进专业作业企业集聚优化，创新服务模式，方便建筑企业和建筑产业工人就地、就近、就便进行双向选择。

3. 引导劳务企业转型发展。支持有一定规模和管理能力的劳务企业通过引进人才、购置设备、收购、兼并、重组、改进管理模式等形式，向总承包和专业承包企业转型。引导小微型劳务企业向专业作业企业转型发展，做专做精专项业务。通过市场竞争机制，逐步淘汰无实际劳务作业人员的建筑劳务"空壳公司"。促进劳务企业同职业院校（含技工院校，下同）、企业培训中心、社会培训机构密切合作，搭建劳务用工平台，培育、提供合格的建筑工人。

4. 全面推行实名制管理。完善建筑工人实名制信息管理服务平台建设，强化劳动用工信息与市场准入、个人信用、职业道德、工作表现、施工质量及安全生产、教育培训、评优评先、欠薪处理、履约守信等相结合，实现实名制管理数据共建共享。到2020年年底，实现全省房屋建筑和市政工程项目实名制全覆盖，与全国实名制管理信息平台互联互通。实施建筑用工领域信用建设专项行动，对严重失信行为实行联合惩戒。

5. 构建"互联网＋人力资源"服务平台。支持市场第三方或有条件的企业创建以保障建筑人力资源为主要业务的建筑市场供需服务平台，及时发布工程项目岗位需求、人工成本、职业培训等信息，提高人力资源配置效率，实现建筑工人有序高效流动。

（二）实施能力素质提升行动

1. 完善职业技能培训体系。以政府公益培训、企业自主培训、市场化培训为主要供给，以公共实训机构、职业院校、社会培训机构和有条件的建筑企业为主要载体，以就业技能培训、岗位技能提升培训和创业创新培训为主要形式，构建省统筹、市县组织实施、资源充足、布局合理、结构优化、载体多元、方式科学的培训组织实施体系。鼓励社会组织积极参与行业人才需求发布、就业状况分析、培训指导等工作。

2. 发挥企业培训主体作用。鼓励建筑企业制定职工培训计划，采取岗前培训、在岗培训、脱产培训、业务研修、岗位练兵、技术比武、技能竞赛、在线学习等方式，开展适应岗位需求和发展需要的技能培训，不断提升职工技能水平。推行"企业新型学徒制"，对企业新招用和转岗人员进行系统职业技能培训。注重发挥行业龙头企业和有条件专业作业企业作用，推进产教融合、校企合作，实现学校培养与企业用人的有效衔接，鼓励中小微企业与所在地职业培训机构联合开展培训。鼓励企业与参训职工协商一致，灵活调整工作时间，保障职工参训期间应有的工资福利待遇，建设一批产教融合型建筑企业，按政府规定落实相关税费优惠政策。

3. 丰富培训内容和形式。坚持需求导向，加强职业技能、通用职业素质和求职能力等综合性培训，将爱国意识、职业道德、职业规范、工匠精神、质量意识、法律意识、安全环保和健康卫生、就业指导等内容贯穿职业技能培训全过程，严格执行从业人员安全技能培训合格后上岗制度。推广"工学一体化""职业培训包""互联网+培训"等先进培训方式，提高培训便利度和可及性。发挥行业指导作用，加快职业技能培训教材开发，提高教材质量。建立建筑工人职业培训电子档案，有序开展学习成果的认定、积累和转换。

4. 建立技能人才多元评价机制。健全以职业能力为导向、以工作业绩为重点、注重工匠精神培育和职业道德养成的技能人才评价体系。完善职业资格鉴定、职业技能等级认定、专项职业能力考核等多元化评价方式，促进评价结果有机衔接。拓宽技能人才上升通道，贯通技能人才与专业技术人才职业发展通道，推进职业资格与职称、职业技能等级制度有效衔接。大力组织开展职业技能竞赛活动，拓展技能人才评价选拔渠道。

5. 树立技能价值激励导向。健全培养、评价、使用、待遇相统一的激励机制，坚持"技高者多得、多劳者多得、绩优者多得"的原则，引导企业建立基于岗位价值、能力素质、业绩贡献的工资分配机制，鼓励凭技能创造财富、增加收入。落实技能人才积分落户、住房、就医、子女入学、岗位聘任、职务职级晋升、参与职称评审、学习进修等方面政策。鼓励企业对聘用的高级工、技师、高级技师，比照相应层级工程技术人员确定待遇。鼓励企业设立技能专家、首席技师、特级技师等岗位。

（三）实施权益保障行动

1. 营造和谐劳动环境。落实安全文明施工与环境保护相关标准和规范，加强建设工程标准化文明施工管理，大力推行绿色施工，不断改善工人生产和生活环境。执行国家关于职工休息休假规定，有条件的施工现场应设置文体活动设施。积极探索工住分离的集中居住区建设，鼓励大型企业参与建设或集体承租施工临时居住点，支持各地采取多种方式帮助解决建筑从业人员改善居住条件的需求。支持流动建筑工人向城镇居民转变，帮助工人就近落户，享受市民待遇。

2. 全面落实劳动合同制度。落实《劳动合同法》相关要求，督促建筑企业与招用的建筑工人依法签订劳动合同，根据招用建筑工人实际情况，分别签订固定期限劳动合同、以完成一定工作任务为期限的劳动合同和无固定期限劳动合同，临时用工的，可以签订"简易劳动合同"。2021年试点企业实现劳动合同全覆盖。

3. 逐步提高社会保险覆盖率。督促建筑企业将招用的自有建筑工人依法纳入职工社会保险覆盖范围。全面落实参保人员跨地区、跨制度流动时养老保障权益累加计算、建筑企业招用就业困难人员给予社保补贴、不裁员或者少裁员的企业按照规定享受失业保险稳岗返还等政策，继续阶段性降低基本医疗、失业、工伤保险费率。推动实施在劳动合同的薪酬中列明用于建筑工人参保所需费用的制度，在逐步实现社保统筹、应参尽参的基础上，优先确保建筑工人工伤保险参保率100%。

4. 完善建筑工人工资支付长效机制。建立建筑工人用工定额与市场实际水平相适应的修订机制，定期发布不同职业工种的劳动力市场工资价位和行业人工成本信息，发布企业工资指导线。根治各类拖欠、克扣农民工工资问题，实现工程款支付与建筑工人工资支付分账管理，确保工资按月足额及时发放到位。加快推行建筑工人工资支付担保，对列入拖欠农民工工资"黑名单"企业和个人的失信行为实施联合惩戒，加大对恶意讨薪行为的打击力度。对连续三年无拖欠工资行为的企业，可以减免农民工工资保证金。

5. 加强工会基层组织建设。在各类建筑企业中依法建立工会组织，探索建立项目工会、托管工会，依托行业协会、工匠联盟组建建筑行业工会和行业联合会。积极构建和谐劳动关系，健全劳动争议预防、预警、调处机制，督促企业依法履行社会责任。完善政府、企业和工会组织三方协商机制，开展行业性集体协商，推动企业落实以职工代表大会为基本形式的民主管理制度，将建筑工人普遍纳入工会组织，为其维护基本权益提供依托。

四川试点地区停止受理施工劳务分包企业资质申请。四川省住建厅和四川省市场监督管理局联合发布《关于开展建筑专业作业企业试点工作的通知》提出，暂停施工劳务分包企业资质审批。自2019年10月12日起，试点地区停止受理施工劳务分包企业资质申请。暂设立8个专业：砌筑、混凝土、钢筋、架子、木工、防水、电工、其他专业作业（征求意见中为7个专业，新增"架子"）。试点地区：成都、泸州、绵阳、内江、巴中（将征求意见中的宜宾改成了成都）。取消建筑劳务作业"必须分包给施工劳务分包企业"的限制。劳务企业不得将建筑劳务作业再分包给专业作业企业，即专业作业企业与劳务分包企业地位等同。专业作业企业以建筑工人取得的技能工种为依据申请登记专业作业范围，无需申办安全生产许可证。

《四川省住房和城乡建设厅 四川省市场监督管理局关于开展建筑专业作业企业试点工作的通知》（摘要）

为推进建筑业劳务用工制度改革，创新建筑工人职业化发展道路，加快培育新时代建筑产业工人队伍，推动建筑业高质量发展，根据《四川省人民政府办公厅关于推动四川建筑业高质量发展的实施意见》（川办发〔2019〕54号）精神，现就开展建筑专业作业企业试点工作相关事宜通知如下。

一、试点地区

在成都、泸州、绵阳、内江、巴中五市开展建筑专业作业企业试点工作。

二、工作内容

（一）暂停施工劳务分包企业资质审批。自2019年10月12日起，试点地区停止受理施工劳务分包企业资质申请。已经取得施工劳务分包企业资质的企业，可继续按现行有关规定办理变更、延期等事项。取消建筑劳务作业应当分包给施工劳务分包企业的限制，试点地区内依法分包建筑劳务作业，应从目前的施工劳务分包企业向建筑工人与建筑专业作业企业过渡，施工劳务分包企业不得将建筑劳务作业再分包给专业作业企业。引导施工劳务分包企业向建筑专业作业企业发展，实行建筑工人既是劳动者，又是建筑专业作业企业出资人，取缔无实际劳务作业人员的"空壳"施工劳务分包企业。

（二）发展专业作业合伙企业。支持具有一定管理能力与施工作业业绩的班组长与建筑工人合伙出资依法设立建筑专业作业企业，纳入"小微企业"管理。建筑专业作业企业设立应当符合《中华人民共和国合伙企业法》"有限合伙企业"登记设立的规定。建筑专业作业企业法定代表人应当由建筑相关专业执业注册人员或取得职业技能资格的技术工人担任。建筑专业作业企业以建筑工人取得的技能工种为依据申请专业作业范围，无需申办安全生产许可证。建筑专业作业企业作为建筑工人的劳动经营合法载体，应当遵守"合伙企业"的法律规定,做好建筑工人实名制管理、劳动合同签订和建筑工人工资支付等工作,依法为建筑工人提供相关社会保障。

(三)专业作业企业类别设置。根据建筑业实际用工需要,建筑专业作业企业以建筑工人取得的技能工种分类,暂设立8个专业:砌筑、混凝土、钢筋、架子、木工、防水、电工、其他专业作业。每个专业作业企业技能工人原则上不少于3人,且经培训考核合格的中级以上相应专业技术工人不少于50%。建筑专业作业企业需按申请的作业范围与建筑工人技能工种承揽建筑劳务作业。

(四)实行信息报送制度。建筑专业作业企业取得工商登记后,登录"四川省住房和城乡建设厅"门户网站(jst.sc.gov.cn),进入"四川省建筑工人管理服务平台"申请用户注册信息,通过"四川省建筑工人管理服务平台"填报营业执照、作业类别、技术工人职业技能证书、法人身份证明等相关信息,由企业工商注册地县(市、区)住房城乡建设主管部门对外公布,可在全省建筑市场承接建筑劳务作业。省外建筑专业作业企业入川从事经营活动的,应将本企业基本信息录入"四川省建筑工人管理服务平台"并对外公布。

(五)实行建筑工人实名制管理。加大建筑工人实名制管理的推行和应用,全省在建工程项目应通过建筑工人管理服务平台,动态记录建筑工人身份信息、教育培训信息、技能等级信息、从业记录信息、诚信信息以及工资发放情况等,切实保障建筑工人合法权益。建筑专业作业企业应及时对本企业建筑工人信息进行采集、核实、更新,报送项目承包企业备案、核实。

(六)提升建筑工人职业技能。支持试点地区开展建筑工人职业技能提升行动,建立以建筑专业作业企业为主体的建筑工人职业培训机制,引导企业采取校企合作、工学结合、新型学徒制等多种形式,开展岗前培训和技能提升培训。鼓励建筑专业作业企业建立建筑工人培训考核和技能鉴定等级与基本工资和岗位津贴挂钩制度,调动建筑工人参与培训的积极性。

三、工作要求

（一）加强组织领导。发展建筑专业作业企业是深化劳务用工组织模式改革，打通建筑工人职业化发展通道，加快培育新时代建筑产业工人队伍的重要内容。各试点地区要建立工作机制，按照试点工作要求，加强组织领导，及时研究解决工作中的问题，确保试点各项工作顺利开展，形成可推广的试点经验，努力打造具有当地特色的建筑专业作业品牌。

（二）强化事中事后监管。各试点地区住房城乡建设主管部门和市场监督主管部门要加强沟通，建立联动机制，规范建筑专业作业企业市场行为，强化专业作业企业和从业人员管理，对存在报送虚假信息、法定代表人与实际控制人不符、人证分离、违规从事建筑劳务作业、不执行建筑工人实名制管理、拖欠建筑工人工资的建筑专业作业企业及时查处，记入不良行为并向社会公示。

本通知自2019年10月12日起施行，有效期二年。

第二章 中国建筑业发展状况

一、发展特点

(一) 产业规模不断扩大

2019年,建筑业持续深化供给侧结构性改革,发展质量和效益不断提高,产业规模持续扩大,实现稳中有进。全国具有资质等级的总承包和专业承包建筑业企业完成建筑业总产值24.8万亿元,比2018年增长5.68%;签订合同额54.5万亿元,增长10.24%。建筑业在国民经济中的支柱产业地位稳固,自2010年以来,建筑业增加值占国内生产总值的比例始终保持在6.6%以上,2019年达到7.16%,创近十年最高点,在2015年、2016年连续两年下降后连续三年出现回升(图2-1)。全国具有资质等级的总承包和专业承包建筑业企业从业人员达到5427.37万人,占全国就业人员总数的7.01%。

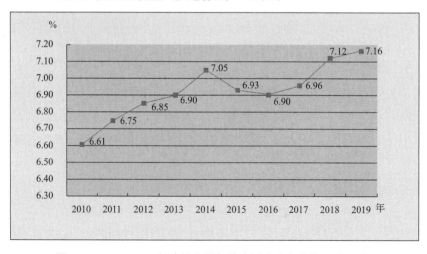

图2-1 2010—2019年建筑业增加值占国内生产总值比重(%)

（二）建筑业增速继续下降

国家统计局数据显示，2019 年，固定资产投资（不含农户）增长 5.4%，增速进一步放缓，其中基础设施投资增长 3.8%，与 2018 年的增速基本持平。建筑业总产值增速继续下降，建筑业总产值比上年增长 5.68%。全国具有资质等级的总承包和专业承包建筑业企业签订合同额比上年增长 10.24%，房屋建筑施工面积增长 2.32%，增速均有所回落（表 2-1）。

2015—2019 年建筑业总产值规模及增速　　表 2-1

类别/年份	2015	2016	2017	2018	2019
建筑业总产值(万亿元)	18.1	19.4	21.4	23.5	24.8
建筑业总产值增速(%)	2.3	7.1	10.5	9.9	5.7

数据来源：国家统计局、《中国统计年鉴》《2019 年国民经济和社会发展统计公报》。

（三）细分市场表现各异

2019 年房屋建筑施工面积在波动中保持增长态势，房屋建筑市场趋于稳定，不同区域房地产投资分化明显，西部地区增长最快，东部地区体量最大。铁路建设投资保持稳定，完成投资 8029 亿元，与 2018 年投资完成额（8028 亿元）持平，总体表现平稳。公路建设投资规模小幅增长。城市轨道交通建设稳步推进，2019 年中国内地城市轨道交通新增运营里程达 968.77 公里，创历史新高，同比增长 32.9%，其中，温州、济南、常州、徐州、呼和浩特五个城市首次开通了轨道交通。在基础设施投资增长缓慢背景下，水务、环保建设保持高速增长态势，2019 年全国水的生产和供应业固定资产投资、生态保护和环境治理业固定资产投资增速分别达到 4.4%、37.2%。

（四）大型企业表现突出

2019 年建筑央企订单加速增长，行业集中度持续提升，八大建筑央企新签合同额 10.06 亿元，比 2018 年增长 22%。建筑央企及其子公司、代表性地方国企及优秀民企战略活动日益频繁，主要表现在七个方面：一是加快推进产业转型和产品结构调整，集中在装配式建筑、投资运营、房建、水务环保等领域，如中建一局和中建科技投资建设全产业链服务的装配式建筑智慧工厂，中建四局成立首个装配式建筑设计中心，中国铁建成立中铁建公路运营有限公司，中国交建明确将超高层建筑和装配式建筑作为两个重要提升方向。二是持续加大国内区域经营力度，瞄准粤港澳、长三角等热点区域。三是海外市场成为各大建筑业企业布局重点。四是国企并购重组步伐加快，如北京市四家建筑国企宣布合并重组，其中，北京城建集团有限责任公司与北京住总集团有限责任公司实施合并重组，北京建工集团有限责任公司与北京市政路桥集团（股份）有限公司实施合并重组。五是数字化、智能化成为建筑业企业转型升级的重要引擎，央企是推动建筑产业数字化转型升级的主力军，中航建设集团有限公司在北京怀柔科学城中国科学院项目主动率先应用自主引擎和三维图形平台，取得成功。六是持续推动企业管理升级，如中国电建提出要扎实推进精益管理，利用先进管理工具，提高全要素生产率水平，促进公司经营发展提质增效。七是大力加强企业技术与管理研究，如中国能建加大创新投入力度，大力推进重大科技项目攻关，加强管理信息化建设，力求培养一批科技创新领军人才。

（五）市场环境持续优化

2019年，《优化营商环境条例》正式发布，为下一步建筑业营商环境持续改善和建筑业从高速增长向高质量发展提供制度保障。住房和城乡建设部相继推动企业资质、招标投标、工程建设项目审批制度、产业工人队伍等领域的改革，建筑市场环境进一步优化，为建筑企业营造高效、便捷、有序的营商环境。住房和城乡建设部负责审批的建筑工程、市政公用工程施工总承包一级资质，以及工程勘察设计、建筑业企业、工程监理企业资质延续均已实行告知承诺制审批，并自2019年10月1日起，在北京、浙江等10个省（市）开展房屋建筑工程、市政公用工程监理甲级资质告知承诺制审批试点。2019年12月，住房和城乡建设部印发《关于进一步加强房屋建筑和市政基础设施工程招标投标监管的指导意见》，推进房屋建筑和市政基础设施工程招标投标制度改革，加强相关工程招标投标活动监管,严厉打击招标投标环节违法违规问题,维护建筑市场秩序。按 2019 年 3 月国务院办公厅印发的《关于全面开展工程建设项目审批制度改革的实施意见》(国办发〔2019〕11 号)要求,住房和城乡建设部在全国开展工程建设项目审批制度全流程、全覆盖改革,督促指导各地全面落实改革任务,同时深化行政审批制度改革,全面推行建设工程企业资质审批告知承诺制和电子化申报,提高审批效率和服务水平。建筑产业工人培育示范基地建设不断推进,住房和城乡建设部批准江苏、浙江、广西作为新增试点地区,指导上述地区制定试点工作方案,并印发《建筑工人实名制管理办法(试行)》,推进建筑工人实名制管理。

二、建筑施工

(一)规模分析

产业总体规模再创新高。 2019 年,全国具有资质等级的总承包和专业承包建筑业企业完成建筑业总产值 248445.8 亿元,比 2018 年增长 5.7%。签订合同额 545038.89 亿元,增长 10.24%。完成房屋建筑施工面积 1441645 万平方米,增长 2.32%;完成房屋建筑竣工面积 402411 万平方米,下降 2.68%。按建筑业总产值计算的劳动生产率为 457762 元/人,增长 22.7%;共有建筑业企业 103814 个(表 2-2、图 2-2)。

2015—2019 年建筑业企业主要经济指标比较　　　表 2-2

类别/年份	2015	2016	2017	2018	2019
企业数量(个)	80911	83017	88074	96544	103814
建筑业总产值(亿元)	180757.47	193566.78	213943.56	235085.53	248445.8
建筑业增加值(亿元)	47761	51499	57906	61808	70904
利润总额(亿元)	6451.23	6986.05	7491.78	8104	8381
劳动生产率(按总产值计算)(元/人)	324026	336991	347963	373187	399656
产值利润率(%)	3.6	3.6	3.5	3.4	3.4

数据来源:国家统计局、《中国统计年鉴》《2019 年国民经济和社会发展统计公报》。

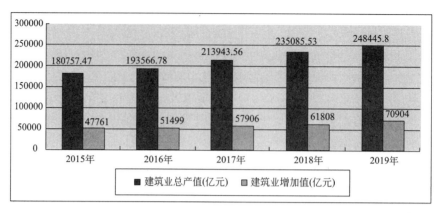

图 2-2 2015—2019 年建筑业总产值、建筑业增加值变化图

支柱产业作用依然突出。2019 年，全社会建筑业增加值 70904 亿元，占全年国内生产总值的 7.16%，支柱产业作用依然突出。建筑业仍是拉动就业的重要力量，全国具有资质等级的总承包和专业承包建筑业企业从业人员 5427.4 万人，占全国就业人员总数的 7.01%。

（二）效益分析

2019 年，全社会建筑业增加值 70904 亿元，比 2018 年增长 5.6%。企业经营效益稳步提高，全国具有资质等级的总承包和专业承包建筑业企业利润 8381 亿元，增长 5.1%；其中，国有控股企业 2585 亿元，增长 14.5%。建筑业的产值利润率为 3.4%。按建筑业总产值计算的劳动生产率为 399656 元/人，比 2018 年增长 7.09%，劳动生产率水平再创新高。

（三）结构分析

1. 产品结构

房地产开发投资平稳增长。2019 年，房地产开发投资 132194.26 亿元，比 2018 年增长 9.9%。其中住宅投资 97070.74 亿元，增长 13.9%；办公楼投资 6162.6 亿元，增长 2.8%；商业营业用房投资 13225.85 亿元，下降 6.7%。

2019 年，房屋建筑竣工面积 402410.9 万平方米，较 2018 年下降

2.68%，连续三年出现负增长。其中，住宅房屋竣工面积所占比重最高，达 67.36%；其次为厂房及建筑物、商业及服务用房屋，所占比重分别为 12.2%、7.11%（表 2-3、图 2-3）。

2019 年房屋建筑竣工面积构成　　　　表 2-3

房屋类型	竣工面积(万平方米)	所占比例(%)
住宅房屋	271063.98	67.36
商业及服务用房屋	28611.41	7.11
办公用房屋	19195.00	4.77
科研、教育和医疗用房屋	18068.25	4.49
文化、体育和娱乐用房屋	4024.11	1.00
厂房及建筑物	49094.13	12.20
仓库	2374.22	0.59
其他未列明的房屋建筑物	9979.79	2.48

数据来源：国家统计局。

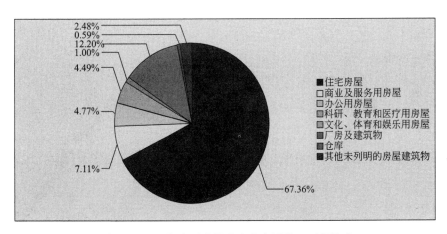

图 2-3　2019 年全国建筑业企业房屋竣工面积构成

交通固定资产投资增长明显。2019 年，全国完成交通固定资产投资 32451 亿元，比 2018 年增长 3.1%。全年完成铁路固定资产投资 8029 亿元。全年完成公路建设投资 21895 亿元，比上年增长 2.6%。其中，高速公路建设完成投资 11504 亿元，增长 15.4%；普通国省道建设完成投资 4924 亿元，下降 10.3%；农村公路建设完成投资 4663 亿元,下降6.5%。全年完成水运建设投资1137亿元,比2018年下降4.4%。其中,内河建设完成投资614亿元,下降2.3%;沿海建设完成投资524亿元,下降6.8%。全年完成公路水路支持系统及其他建设投资420亿元。全年完成民航固定资产投资969.4亿元,比2018年增长13.0%。

2. 所有制结构

国有企业骨干作用继续发挥。 2019年,在具有资质等级的总承包和专业承包建筑业企业中,国有及国有控股建筑业企业6927个,比2018年增加47个,占建筑企业总数的6.7%,比2018年下降0.54个百分点;国有控股企业从业人员为1081.2万人,占全部企业的19.9%。

2019年,国有控股建筑业企业完成建筑业总产值85367.10亿元,占全部企业的34.4%;签订合同额273086.9亿元,占全部企业的50.1%;竣工产值31597亿元,占全部企业的25.5%;实现利润2585亿元,比2018年增长14.5%。全国具有资质等级的总承包和专业承包建筑业企业按建筑业总产值计算的劳动生产率为399656元/人,国有控股建筑业企业为596932元/人。

国有控股建筑业企业数量占全部有资质企业的6.7%,完成了34.4%的总产值、50.1%的合同额、25.5%的竣工产值,充分显示了国有控股企业在建筑业中的骨干作用(表2-4)。

2019年国有控股建筑业企业主要生产指标占全部企业的比重　表2-4

类别	全国建筑业企业	国有控股建筑业企业	国有控股建筑业企业占全部企业的比重
企业数量(个)	103814	6927.0	6.7%
从业人数(万人)	5427.37	1081.2	19.9%
建筑业总产值(亿元)	248445.77	85367.1	34.4%
签订合同额(亿元)	545038.89	273086.9	50.1%
竣工产值(亿元)	123834.13	31597.0	25.5%

数据来源:《中国经济景气月报》。

2019年,国有控股建筑业企业完成建筑业总产值居前的省市依次是：北京、湖北、广东、上海、陕西、四川，签订合同额居前的省市依次是：北京、湖北、广东、上海、四川、陕西（表2-5）。

2018年国有控股企业建筑业总产值、合同额地区份额　　表2-5

建筑业总产值		合同额	
地区	数额（亿元）	地区	数额（亿元）
北京	9403.4	北京	34246.5
湖北	8058.9	湖北	26826.1
广东	6601.8	广东	24399.7
上海	4979.2	上海	20804.7
陕西	4825.5	四川	17342.3
四川	4700.4	陕西	13527.9

数据来源：《中国经济景气月报》。

3. 地区结构

2019年，江苏建筑业总产值以绝对优势继续领跑全国，达到33103.64亿元。浙江建筑业总产值仍位居第二，为20390.2亿元，但与2018年相比降幅较大，与江苏的差距拉大。两省建筑业总产值占全国建筑业总产值比重分别为13.32%和8.21%，合计达到21.53%。

除苏、浙两省外，总产值超过1万亿元的还有湖北、广东、四川、山东、福建、河南、北京和湖南8个省市，上述10省市完成的建筑业总产值占全国建筑业总产值的66.3%（表2-6）。

2019年建筑业总产值超过1万亿元的地区　　表2-6

地区	建筑业总产值（亿元）
江苏	33103.64
浙江	20390.20
湖北	16979.59
广东	16633.41
四川	14668.15
山东	14269.29
福建	13164.43

续表

地区	建筑业总产值(亿元)
河南	12700.97
北京	11999.36
湖南	10800.62

数据来源：国家统计局。

2019年，跨省完成建筑业产值增速放缓，外向度（即本地区在外省完成的建筑业产值占本地区建筑业总产值的比例）总体略有下降。各地区跨省完成的建筑业产值83435.15亿元，比2018年增长1.56%，增速同比降低8.88个百分点。跨省完成建筑业产值占全国建筑业总产值的33.58%，比2018年降低1.36个百分点。

江苏和北京占据跨省完成建筑业产值的排名前两位，分别达到15367.94亿元、8603.83亿元，两地跨省产值之和占全国的比重为28.73%。此外，浙江、湖北、福建、上海、广东、湖南等6个省市，跨省完成的建筑业产值均超过3000亿元。从跨省完成建筑业增速上看，西藏、内蒙古、云南、广东和宁夏排在前五位，分别为79%、37.62%、36.66%、27.74%、27.27%。浙江、海南、黑龙江、吉林和重庆5个地区出现负增长。

从外向度来看，位居前列的依次是：北京、天津、上海，分别为：71.7%、58.45%和57.48%。外向度超过全国平均水平的还有江苏、福建、青海、湖北、浙江、山西、河北等7个省市。

4. 上市公司

2019年，绝大部分建筑业上市公司的营业收入有所增长。营业收入前三名依次是中国建筑股份有限公司、中国中铁股份有限公司、中国铁建股份有限公司，营业收入分别为14198.37亿元、8484.4亿元、8304.52亿元。大部分建筑业上市公司的每股收益有所提升，每股收益排前三名的分别是中国铁建股份有限公司、中国交通建设股份有限公司、中国葛洲坝集团股份有限公司，每股收益分别为1.4元、1.16元、1.03元（表2-7）。

建筑业上市公司 2019 年年报部分数据　　　　表 2-7

股票代码	公司名称	每股收益(元)		净利润(万元)		净资产收益率(%)		营业利润率(%)
		2018	2019	2018	2019	2018	2019	
000065	北方国际合作股份有限公司	0.77	0.92	58917.61	70623.74	15.07	15.57	7.73
000090	深圳市天健(集团)股份有限公司	0.54	0.6	78157.77	123619.38	11.73	13.42	12.28
000498	山东高速路桥集团股份有限公司	0.59	0.55	66361.92	61978.41	15.37	11.03	4.59
000758	中国有色金属建设股份有限公司	0.06	−0.54	11972.56	−105995	2.31	−19.72	−8.07
000797	中国武夷实业股份有限公司	0.21	0.21	30515.54	35914.73	5.53	6.23	11.75
002051	中工国际工程股份有限公司	1.08	0.85	120035.36	105371.84	13.85	10.14	11.24
002060	广东水电二局股份有限公司	0.17	0.19	20074.86	23400.91	6.79	7.48	2.78
002062	宏润建设集团股份有限公司	0.27	0.32	30041.88	35081.54	10.49	11.39	4.39
002135	浙江东南网架股份有限公司	0.17	0.26	17071.83	26747.86	4.31	6.44	3.14
002140	东华工程科技股份有限公司	0.33	0.33	14826.99	17694.76	7.31	8.16	4.46
002542	中化岩土集团股份有限公司	0.12	0.14	22299.98	25151.22	6.05	6.3	7.06
002586	浙江省围海建设集团股份有限公司	0.23	−1.24	25290.83	−142165.78	5.19	−31.31	−39.22
002628	成都市路桥工程股份有限公司	0.03	0.06	2132.52	4325.86	0.79	1.59	2.33
002941	新疆交通建设集团股份有限公司	0.6	0.29	35327.5	18628.22	20.36	8.06	4.26
600039	四川路桥建设集团股份有限公司	0.32	0.47	117173.49	170186.38	8.67	11.49	3.99

续表

股票代码	公司名称	每股收益(元)		净利润(万元)		净资产收益率(%)		营业利润率(%)
		2018	2019	2018	2019	2018	2019	
600068	中国葛洲坝集团股份有限公司	0.89	1.03	465770.63	544178.13	15.65	16.43	7.98
600170	上海建工集团股份有限公司	0.29	0.41	277986.68	393020.74	10.71	14.23	2.62
600248	陕西延长石油化建股份有限公司	0.35	0.32	28136.17	29569.14	12.15	10.35	4.29
600284	上海浦东路桥建设股份有限公司	0.47	0.42	45288.53	40829.98	8	6.84	7.14
600477	杭萧钢构股份有限公司	0.32	0.22	56799.23	46891.67	24.49	14.31	8.29
600491	龙元建设集团股份有限公司	0.64	0.67	92218.47	102074.72	11.16	10.05	6.94
600496	长江精工钢结构(集团)股份有限公司	0.11	0.22	18171.23	40331.86	4.11	7.92	3.9
600502	安徽建工集团股份有限公司	0.46	0.35	79993.67	59616.07	10.36	6.53	2.69
600512	腾达建设集团股份有限公司	0.02	0.3	2561	47582.3	0.52	10.64	17.2
600820	上海隧道工程股份有限公司	0.63	0.68	197876.28	213678.58	9.99	10.08	6.4
600853	龙建路桥股份有限公司	0.24	0.27	14628.55	22320.84	10.7	13.35	2.75
600970	中国中材国际工程股份有限公司	0.78	0.92	136752.09	159196.02	17	16.82	7.2
601117	中国化学工程股份有限公司	0.39	0.62	193177.39	306140.74	6.31	9.88	3.75
601186	中国铁建股份有限公司	1.26	1.4	1793528.1	2019737.8	12	12.03	3.33

续表

股票代码	公司名称	每股收益(元)		净利润(万元)		净资产收益率(%)		营业利润率(%)
		2018	2019	2018	2019	2018	2019	
601390	中国中铁股份有限公司	0.72	0.95	1719813.8	2367756.7	10.81	12.84	3.76
601618	中国冶金科工股份有限公司	0.26	0.27	637158	659971.2	8.25	7.99	2.76
601668	中国建筑股份有限公司	0.87	0.97	3824132.4	4188139.9	15.97	15.6	5.9
601669	中国电力建设股份有限公司	0.48	0.46	769514.31	723936.54	9.73	8.45	3.92
601789	宁波建工股份有限公司	0.22	0.25	21954.99	24027.59	8.25	8.52	1.75
601800	中国交通建设股份有限公司	1.15	1.16	1968041.58	2010800	11.18	10.22	4.79

数据来源：新浪财经。

三、勘察设计

(一) 规模分析

2019年，全国工程勘察设计企业营业收入总计64200.9亿元。其中，工程勘察收入986.9亿元，占营业收入的1.54%；工程设计收入5094.9亿元，占营业收入的7.94%；工程总承包收入33638.6亿元，占营业收入的52.4%；其他工程咨询业务收入796.0亿元，占营业收入的1.24%。

2019年，工程勘察设计企业全年营业利润2803亿元，与上年相比增加20.8%；利润总额2721.6亿元，与上年相比增加10.9%；企业净利润2285.2亿元，与上年相比增加11.7%。

2019年，工程勘察设计新签合同额合计8074.2亿元，与上年相比增加2.1%。其中，房屋建筑工程设计新签合同额2477.1亿元，比上年增加27.2%，市政工程设计新签合同额977.4亿元，比上年增加

10%。工程总承包新签合同额合计46071.3亿元，与上年相比增加10.8%。其中，房屋建筑工程总承包新签合同额19538.2亿元，比上年增加25.8%，市政工程总承包新签合同额6521.1亿元，比上年增加19.8%。其他工程咨询业务新签合同额合计1048.5亿元，与上年相比增加22%。

（二）结构分析

1. 业务结构

2019年，在工程勘察设计企业营业收入中，工程勘察收入占营业收入的1.54%；工程设计收入占营业收入的7.94%；工程总承包收入占营业收入的52.4%；其他工程咨询业务收入占营业收入的1.24%。

2. 企业结构

根据《2019年全国工程勘察设计统计公报》，全国共有23739个工程勘察设计企业参加了统计，比上年增加2.4%。其中，工程勘察企业2325个，占企业总数9.8%，工程设计企业21327个，占企业总数89.8%，设计施工一体化企业87个，占企业总数0.4%（图2-4）。

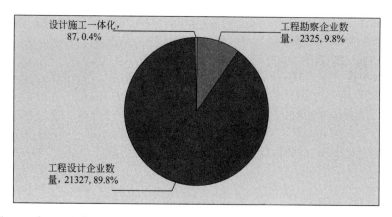

图2-4 全国具有资质的工程勘察设计企业参与统计的数量分布情况（单位：个）

（数据来源：2019年全国工程勘察设计统计公报）

3. 人员结构

2019年，具有勘察设计资质的企业年末从业人员463.1万人。其中，勘察人员15.8万人，与上年相比增加了8%；设计人员102.5万人，与上年相比增加了 10.7%。年末专业技术人员 219.2 万人。其中，具有高级职称人员 42.8 万人，占从业人员总数的 9.24%；具有中级职称人员 72 万人，占从业人员总数的 15.5%。

四、工程服务

(一) 工程监理

1. 规模分析

2019 年，工程监理企业全年营业收入 5994.48 亿元，与上年相比增长 38.94%。其中工程监理收入 1486.13 亿元，与上年相比增长 12.26%；工程勘察设计、工程招标代理、工程造价咨询、工程项目管理与咨询服务、工程施工及其他业务收入 4508.35 亿元，与上年相比增长 50.75%。其中 30 个企业工程监理收入突破 3 亿元，72 个企业工程监理收入超过 2 亿元，251 个企业工程监理收入超过 1 亿元，工程监理收入过亿元的企业个数与上年相比增长 16.74%。

2019 年，工程监理企业承揽合同额 8500.94 亿元，与上年相比增长 44.02%。其中工程监理合同额 1987.47 亿元，与上年相比增长 3.67%；工程勘察设计、工程招标代理、工程造价咨询、工程项目管理与咨询服务、工程施工及其他业务合同额 6513.47 亿元，与上年相比增长 63.43%（图 2-5）。

2. 结构分析

（1）业务结构

2019 年，工程监理收入占工程监理企业全年营业收入的 24.79%，工程监理合同额占工程监理企业承揽合同额总业务量的 23.38%。

（2）企业结构

2019 年，全国共有 8469 个建设工程监理企业参加了统计，与上年相比增长 0.91%。其中，综合资质企业 210 个，增长 9.95%；甲级资质企业 3760 个，增长 2.26%；乙级资质企业 3564 个，增长 1.77%；丙级资质企业 933 个，减少 7.9%；事务所资质企业 2 个，减少 80%（图 2-6）。

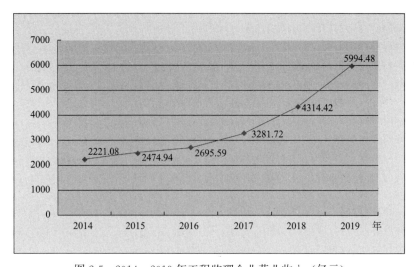

图 2-5　2014—2019 年工程监理企业营业收入（亿元）

（数据来源：《2019 年建设工程监理统计公报》，《中国建筑业改革与发展研究报告（2019）》）

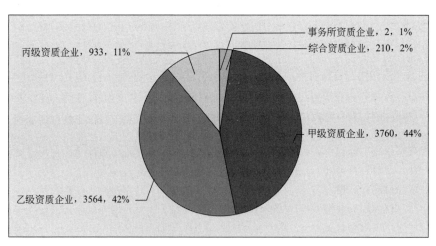

图 2-6　2019 年参与统计的工程监理企业分布情况（单位：个）

（数据来源：《2019 年建设工程监理统计公报》）

（3）人员结构

2019 年年末，工程监理企业从业人员 1295721 人，与上年相比增长 10.81%。其中，正式聘用人员 875566 人，占年末从业人员总数的 67.57%；临时聘用人员 420155 人，占年末从业人员总数的 32.43%；工程监理从业人员为 802481 人，占年末从业总数的 61.93%。

2019年年末，工程监理企业专业技术人员969723人，与上年相比增长2.86%。其中，高级职称人员153065人，中级职称人员414660人，初级职称人员227326人，其他人员174672人。专业技术人员占年末从业人员总数的74.84%。

2019年年末，工程监理企业注册执业人员为336959人，与上年相比增长8.46%。其中，注册监理工程师为173317人，与上年相比减少2.73%，占总注册人数的51.44%；其他注册执业人员为163642人，占总注册人数的48.56%。

（二）工程招标代理

1. 规模分析

2019年，工程招标代理机构的营业收入总额为4110.44亿元，比上年减少9.07%。其中，工程招标代理收入293.16亿元，比上年减少69.15%，占营业收入总额的7.13%；工程监理收入552.12亿元，工程造价咨询收入744.74亿元，工程项目管理与咨询服务收入212.36亿元，其他收入2308.06亿元。

2019年，工程招标代理机构工程招标代理中标金额110096.63亿元，比上年减少29.58%。其中，房屋建筑和市政基础设施工程招标代理中标金额82193.64亿元，占工程招标代理中标金额的74.66%；招标人为政府和国有企事业单位工程招标代理中标金额88180亿元，占工程招标代理中标金额的80.09%。

2019年，工程招标代理机构承揽合同约定酬金合计3961.51亿元，比上年增长92.51%。其中，工程招标代理承揽合同约定酬金为347.48亿元，占总承揽合同约定酬金的8.77%；工程监理承揽合同约定酬金为1874.62亿元；工程造价咨询承揽合同约定酬金为581.23亿元；项目管理与咨询服务承揽合同约定酬金为253.46亿元；其他业务承揽合同约定酬金为904.72亿元。

2. 结构分析

（1）业务结构

2019年，在工程招标代理机构的营业收入中，工程招标代理收入占

7.13%，工程监理收入占13.43%，工程造价咨询收入占18.12%，工程项目管理与咨询服务收入占5.17%，其他收入占56.15%（图2-7）。

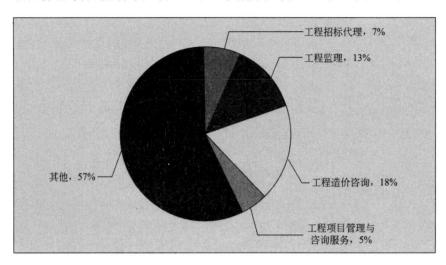

图2-7 2019年工程招标代理机构营业收入构成

（数据来源：2019年工程招标代理机构统计公报）

（2）企业结构

2019年度参加统计的全国工程招标代理机构共8832个，比上年增长14.45%。按照企业登记注册类型划分，国有企业和国有独资公司共327个，股份有限公司和其他有限责任公司共3642个，私营企业4586个，港澳台投资企业1个，外商投资企业1个，其他企业275个。

（3）人员结构

2019年年末，工程招标代理机构从业人员合计627733人，比上年增长1.64%。其中，正式聘用人员568457人，占年末从业人员总数的90.56%；临时工作人员59276人，占年末从业人员总数的9.44%；招标代理人员102654人，占年末从业人员总数的16.35%。

2019年年末，工程招标代理机构正式聘用人员中专业技术人员合计474562人，比上年增长2.29%。其中，高级职称人员71164人，中级职称197518人，初级职称106554人，其他人员99326人。专业技术人员占年末正式聘用人员总数的83.48%。

2019年年末，工程招标代理机构正式聘用人员中注册执业人员合计177963人，比上年增长26.91%。其中，注册造价工程师55155人，占总注册人数的30.99%；注册建筑师1468人，占总注册人数的0.82%；注册工程师3396人，占总注册人数的1.91%；注册建造师36741人，占总注册人数的20.65%；注册监理工程师62189人，占总注册人数的34.94%；其他注册执业人员19014人，占总注册人数的10.68%。

（三）工程造价咨询

1. 规模分析

2019年，工程造价咨询企业的营业收入为1836.66亿元，比上年增长6.7%。其中，工程造价咨询业务收入892.47亿元，比上年增长15.5%，占全部营业收入的48.6%。招标代理业务收入183.85亿元，建设工程监理业务收入423.29亿元，项目管理业务收入207.03亿元，工程咨询业务收入130.02亿元，分别占全部营业收入的10%、23%、11.3%、7.1%。

2. 结构分析

（1）业务结构

2019年，在工程造价咨询业务收入中，按所涉及专业划分，有房屋建筑工程专业收入524.36亿元；市政工程专业收入149.48亿元；公路工程专业收入43.64亿元；火电工程专业收入21.31亿元，水利工程专业收入21.46亿元，分别占工程造价咨询业务收入的58.8%、16.7%、4.9%、2.4%、2.4%。其他工程造价咨询业务收入合计132.22亿元，占14.8%（图2-8）。

按工程建设的阶段划分，有前期决策阶段咨询业务收入76.43亿元，实施阶段咨询业务收入184.07亿元，竣工结（决）算阶段咨询业务收入340.67亿元，全过程工程造价咨询业务收入248.96亿元，工程造价经济纠纷的鉴定和仲裁的咨询业务收入22.33亿元，分别占工程造价咨询业务收入的8.6%、20.6%、38.2%、27.9%和2.5%。其他工程造价咨询业务收入合计20.01亿元，占2.2%。

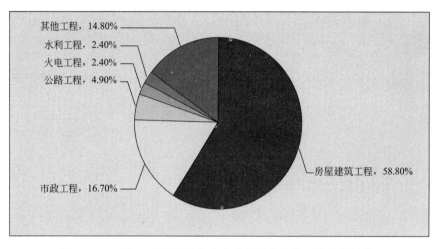

图 2-8　2019 年工程造价咨询企业业务收入分布（按专业划分）

（数据来源：2019 年工程造价咨询统计公报）

（2）企业结构

2019 年，全国共有 8194 家工程造价咨询企业参加了统计，比上年增长 0.7%。其中，甲级工程造价咨询企业 4557 家，增长 7.6%；乙级工程造价咨询企业 3637 家，减少 6.8%。专营工程造价咨询企业 3648 家，增长 65.3%；兼营工程造价咨询企业 4546 家，减少 23.4%。

（3）人员结构

2019 年年末，工程造价咨询企业从业人员 586617 人，比上年增长 9.2%。其中，正式聘用员工 541841 人，占 92.4%；临时聘用人员 44776 人，占 7.6%。

2019 年年末，工程造价咨询企业共有注册造价工程师 94417 人，比上年增长 3.6%，占全部工程造价咨询企业从业人员的 16.1%。

2019 年年末，工程造价咨询企业共有专业技术人员 355768 人，比上年增长 2.6%，占全部工程造价咨询企业从业人员的 60.6%。其中，高级职称人员 82123 人，中级职称人员 181137 人，初级职称人员 92508 人，分别占比 23.1%、50.9%、26%。

五、对外承包工程

(一)规模分析

2019年,我国对外承包工程业务平稳发展。商务部、国家统计局、中国建筑业协会的资料显示,对外承包工程业务完成营业额1729亿美元,同比增长2.28%,增速比上年提高2.01个百分点;新签合同额2602.5亿美元,同比增长7.63%,增速比上年增加16.48个百分点。对外承包工程大项目多,1亿美元以上项目506个,增长8.4%;以基础设施建设为主,带动我国设备材料出口超140亿美元,同时为项目所在国及第三国创造了近80万个就业岗位,实现了互利共赢。2019年,我国企业在"一带一路"沿线国家新签对外承包工程项目合同6944份,新签合同额1548.9亿美元,占同期我国对外承包工程新签合同额的59.5%,同比增长23.1%;完成营业额979.8亿美元,占同期总额的56.7%,同比增长9.7%。我国对外劳务合作派出各类劳务人员48.7万人,较上年同期减少0.5万人;其中承包工程项下派出21.1万人,占总量的43%,劳务合作项下派出27.6万人,占总量的57%。年末在外各类劳务人员99.2万人,较上年同期减少0.4万人(图2-9)。

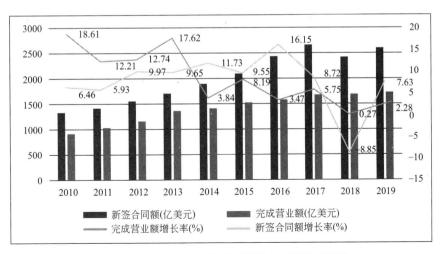

图2-9 2010—2019年我国对外承包工程业务情况

（二）企业表现

美国《工程新闻记录》杂志（ENR）公布的 2019 年度全球最大 250 家国际承包商共实现海外市场营业收入 4873 亿美元，比上一年度增长了 1.0%。我国内地共有 76 家企业入选 2019 年度全球最大 250 家国际承包商榜单，入选数量比上一年度增加了 7 家。入选企业共实现海外市场营业收入 1190 亿美元，比上年增长了 4.3%，占 250 家国际承包商海外市场营业收入总额的 24.4%，比上年提高 0.7 个百分点。

从进入榜单企业的排名分布来看，76 家内地企业中，进入前 10 强的仍为 3 家，分别是排名第 3 位的中国交通建设集团有限公司，排名第 7 位的中国电力建设集团有限公司和排名第 9 位的中国建筑集团有限公司。进入 100 强的有 27 家企业，比上年度再增 2 家。与上年度排名相比，位次上升的有 31 家，排名保持不变的有 4 家，新入榜企业 13 家。排名升幅最大的是跃升 72 位排在本年度第 83 名的东方电气股份有限公司，新入榜企业中，排名最前的是排在第 51 位的中国中材国际工程股份有限公司（表 2-8）。

2019 年度 ENR 全球最大 250 家国际承包商中的中国内地企业　　表 2-8

序号	公司名称	排名		海外市场收入（百万美元）
		2019	2018	
1	中国交通建设集团有限公司	3	3	38041.0
2	中国电力建设集团有限公司	7	10	13775.4
3	中国建筑集团有限公司	9	8	12812.5
4	中国铁道建筑有限公司	14	14	6695.0
5	中国铁路工程集团有限公司	18	17	6181.9
6	中国机械工业集团公司	19	25	5449.3
7	中国能源建设集团有限公司	23	21	5020.0
8	中国化学工程集团有限公司	29	46	4279.4
9	中国石油工程建设(集团)公司	43	33	2870.0
10	中国冶金科工集团有限公司	44	44	2858.9
11	中国中材国际工程股份有限公司	51	**	2346.7

续表

序号	公司名称	排名 2019	排名 2018	海外市场收入（百万美元）
12	中信建设有限责任公司	54	56	2013.9
13	青建集团股份公司	56	**	1923.4
14	中国石化工程建设有限公司	65	55	1555.9
15	中国通用技术(集团)控股有限责任公司	74	102	1222.3
16	中国中原对外工程有限公司	75	89	1217.9
17	中国水利电力对外公司	78	90	1101.2
18	特变电工股份有限公司	80	83	1059.7
19	哈尔滨电气国际工程有限公司	81	65	1040.0
20	东方电气股份有限公司	83	155	1026.4
21	中国有色金属建设股份有限公司	86	85	988.6
22	浙江省建设投资集团有限公司	89	87	961.5
23	威海国际经济技术合作股份有限公司	90	88	940.1
24	中国江西国际经济技术合作公司	93	92	911.0
25	北方国际合作股份有限公司	97	94	833.2
26	江西中煤建设集团有限公司	99	97	827.6
27	中国航空技术国际工程有限公司	100	118	811.7
28	中国电力技术装备有限公司	101	80	801.2
29	中钢设备有限公司	107	157	720.0
30	中国地质工程集团公司	108	120	716.9
31	新疆兵团建设工程(集团)有限责任公司	109	110	700.0
32	上海建工集团	111	109	674.5
33	中地海外集团有限公司	115	111	594.9
34	中国河南国际合作集团有限公司	116	145	592.5
35	中原石油工程有限公司	117	125	591.8
36	北京建工集团有限责任公司	120	123	552.9
37	云南建工集团有限公司	121	132	550.1
38	江苏省建筑工程集团有限公司	122	126	548.9

续表

序号	公司名称	排名 2019	排名 2018	海外市场收入（百万美元）
39	中国江苏国际经济技术合作公司	130	129	494.8
40	中国武夷实业股份有限公司	132	130	480.1
41	江苏南通三建集团股份有限公司	133	133	477.3
42	烟建集团有限公司	138	140	450.7
43	中国凯盛国际工程有限公司	143	**	424.5
44	中鼎国际工程有限责任公司	144	146	405.1
45	中国成套设备进出口(集团)总公司	145	144	400.0
46	沈阳远大铝业工程有限公司	153	152	360.0
47	北京城建集团	154	148	358.8
48	上海城建(集团)公司	155	162	358.3
49	江西水利水电建设有限公司	158	174	349.2
50	安徽省外经建设(集团)有限公司	166	143	307.7
51	安徽建工集团有限公司	180	192	246.0
52	山东电力工程咨询院有限公司	182	**	244.3
53	山东德建集团有限公司	185	175	228.6
54	烟台国际经济技术合作集团有限公司	192	185	207.6
55	浙江省东阳第三建筑工程有限公司	194	**	193.8
56	重庆对外建设(集团)有限公司	196	207	185.4
57	江联重工集团股份有限公司	198	**	182.0
58	南通建工集团股份有限公司	199	182	179.2
59	山东淄建集团有限公司	200	**	177.2
60	龙信建设集团有限公司	202	**	171.2
61	浙江省交通工程建设集团有限公司	204	215	160.4
62	中矿资源集团股份有限公司	205	**	159.7
63	山东科瑞石油装备有限公司	207	**	153.1
64	中国山东对外经济技术合作集团有限公司	208	204	152.1
65	中铝国际工程股份有限公司	209	186	150.8

续表

序号	公司名称	排名 2019	排名 2018	海外市场收入（百万美元）
66	江苏中南建筑产业集团有限责任公司	212	222	143.3
67	中国甘肃国际经济技术合作总公司	213	216	139.4
68	山西建设投资集团有限公司	214	246	139.1
69	山东省路桥集团有限公司	220	**	134.6
70	中机国能电力工程有限公司	226	**	124.1
71	中国天辰工程有限公司	230	**	100.9
72	湖南路桥建设集团有限责任公司	232	242	95.6
73	中国大连国际经济技术合作集团有限公司	238	219	85.2
74	北京住总集团有限责任公司	240	243	79.6
75	四川公路桥梁建设集团有限公司	246	**	70.3
76	蚌埠市国际经济技术合作有限公司	250	244	61.5

注：** 表示未进入 2018 年度 250 强排行榜。
数据来源：中国建设新闻网。

六、安全生产形势

（一）总体情况

2019 年，全国共发生房屋市政工程生产安全事故 773 起、死亡 904 人，与上年相比，事故起数增加 39 起、死亡人数增加 64 人，分别上升 5.31% 和 7.62%。全国 31 个省（区、市）和新疆生产建设兵团均有房屋市政工程生产安全事故发生，其中，四川、安徽、重庆、湖北、福建、山东、云南、吉林、广西、天津、内蒙古、青海、陕西、新疆、西藏等 15 个地区事故起数同比上升，四川、江苏、安徽、重庆、上海、湖北、福建、云南、吉林、广西、河北、天津、内蒙古、青海、陕西、新疆、西藏等 17 个地区死亡人数同比上升。

2019 年，全国共发生房屋市政工程生产安全较大及以上事故 23 起、死亡 107 人，与上年相比，事故起数增加 1 起、死亡人数增加 20

人，分别上升 4.55% 和 22.99%；其中，重大事故 2 起，死亡 23 人。全国 16 个地区发生较大及以上事故。其中，河北发生重大事故 1 起、死亡 11 人，发生较大事故 1 起、死亡 3 人；上海发生重大事故 1 起、死亡 12 人；江苏发生较大事故 2 起、死亡 12 人；河南发生较大事故 3 起、死亡 9 人；贵州发生较大事故 1 起、死亡 8 人；甘肃发生较大事故 2 起、死亡 7 人；广东、四川各发生较大事故 2 起、死亡 6 人；湖南、浙江、山东、吉林各发生较大事故 1 起、死亡 5 人；黑龙江发生较大事故 1 起、死亡 4 人；安徽、辽宁、西藏各发生较大事故 1 起、死亡 3 人。河北衡水"4·25"施工升降机坠落（11 人死亡）和上海长宁"5·16"厂房坍塌（12 人死亡）两起重大安全事故，人员伤亡惨重，影响极为恶劣。

（二）分类情况

2019 年，全国房屋市政工程生产安全事故按照类型划分，高处坠落事故 415 起，占总数的 53.69%；物体打击事故 123 起，占总数的 15.91%；土方、基坑坍塌事故 69 起，占总数的 8.93%；起重机械伤害事故 42 起，占总数的 5.43%；施工机具伤害事故 23 起，占总数的 2.98%；触电事故 20 起，占总数的 2.59%；其他类型事故 81 起，占总数的 10.47%。

2019 年，全国房屋市政工程生产安全较大及以上事故按照类型划分，土方、基坑坍塌事故 9 起，占事故总数的 39.13%；起重机械伤害事故 7 起，占总数的 30.43%；建筑改建、维修、拆除坍塌事故 3 起，占总数的 13.04%；模板支撑体系坍塌、附着升降脚手架坠落、高处坠落以及其他类型事故各 1 起、各占总数的 4.35%。

2019 年，全国房屋市政工程生产安全事故起数和死亡人数与 2018 年相比均有所上升，部分地区事故总量较大，部分地区死亡人数同比上升较多，群死群伤事故未得到有效遏制，安全生产形势严峻复杂，安全监管有待进一步加强和完善。

第三章 聚焦产业扶贫 助力全面小康

建筑业是劳动密集型行业,全国约5500万从业人员,他们中的多数来自农村地区,相当一部分来自贫困地区,因此,建筑业在脱贫攻坚工作中具有明显的、独特的行业优势,发挥了巨大作用。住房和城乡建设部坚决落实党中央、国务院关于打赢脱贫攻坚战总体部署,积极推进建筑产业扶贫工作,通过加强建筑产业工人培训,吸纳贫困家庭劳动力就业,不断增强扶贫的"造血"功能,最大限度发挥建筑产业"一人就业,全家脱贫"的精准扶贫作用。同时,建筑企业通过派驻挂职扶贫干部、建设安置保障房、完善基础设施、培育特色产业、改善办学条件、提供技能培训、聚力扶贫搬迁、提供无偿援助等多种方式,为全面建成小康社会作出了卓越贡献。

一、推动产业扶贫,发挥"造血"作用

住房和城乡建设部始终将建筑业产业扶贫作为重要帮扶举措,深入调研摸清定点扶贫县实际情况,协调中国建筑业协会组织中国建筑第三工程局有限公司、中国一冶集团有限公司、中铁大桥局集团有限公司等建筑业企业,与4县(市、区)企业在分包工程、劳务用工、人才培养、技术交流、咨询指导等方面进行对口帮扶。帮助定点扶贫县引进海通建设集团、东南网架股份有限公司等一批建筑业企业,推进定点扶贫县经济发展,促进贫困劳动力就业增收。

(一)支持定点扶贫地区建筑业企业发展

住房和城乡建设部积极布置建筑业产业扶贫工作,加强帮扶指导,积极支持定点帮扶地区做大做强建筑业,为决胜脱贫攻坚提供有力支撑。经帮扶支持,贫困县引进1家施工总承包特级资质企业,升级施工总承包一级资质企业4家,这些企业为当地脱贫攻坚作出了很大贡献。

其中，海通建设集团有限公司解决贫困人口就业 120 人，2020 年 1—7 月纳税 2600 万元；团风县宏盾建设有限公司解决贫困人口就业 100 人，2019 年纳税 293 万元，2020 年截至 10 月纳税 243.7 万元；麻城市湖北中鑫城建设工程有限公司解决贫困劳动人员 160 人，2020 年截至 10 月纳税 710 万元；红安县湖北全丰建设工程有限公司解决贫困人口就业 80 人，2020 年截至 10 月纳税 282 万元；湖北汉发建设工程有限公司解决贫困人口 120 人，2020 年以来纳税 1350 万元。此外，住房和城乡建设部还指导建筑业协会组织湖北、青海部分大型建筑业企业与定点帮扶县建筑企业对接，签署合作意向书 24 份；指导组织举办建筑业企业减税降费政策实务解析会等，共培训企业 130 余家，300 余人次。

（二）指导定点扶贫地区发展特色支柱产业

住房和城乡建设部指导中国风景园林学会菊花分会组织技术力量，指导湖北省麻城市推进福白菊原产地保护、品种提纯复壮、菊苗脱毒等项目，为麻城市发展菊花会展经济、促进菊花扶贫产业发展出谋划策。目前，麻城菊花种植面积已达到 10.19 万亩，各类菊花市场主体已达到 800 家以上，可带动 2.8 万名农户致富奔小康。2019 年，麻城市被中国风景园林学会授予"中国菊花创新发展之城"称号。住房和城乡建设部捐赠帮扶资金支持青海省大通县鑫隆板蓝根种植营销专业合作社中药材加工基地建设，并持续举办中药材产业扶贫培训班，邀请国家知名专家，对大通和湟中中药材产业致富带头人和实用技术人才进行"定制"培训；组织中药材采购商上门采购，精准对接市场需求。2020 年 9 月 27 日，住房和城乡建设部在湟中举行了定点扶贫中药材采购签约仪式，组织有关市场主体从湟中和大通采购 400 万元中药材，支持两县（区）中药材产业发展。2019 年，在中央单位定点扶贫成效评价中，住房和城乡建设部被国务院扶贫开发领导小组评为"好"，被青海省委、省政府评为"中央定点扶贫先进单位"。

（三）建筑业企业积极投身精准扶贫工作

2019 年 5 月 8 日，中国建筑业协会在北京召开建筑业企业扶贫攻坚推进大会，各地区建筑行业协会负责人、大型骨干建筑业企业的代表、挂职扶贫干部、媒体记者等400余人参加会议。会议强调，住房和城乡建设部高度重视脱贫攻坚工作，下一步要充分发挥行业协会作用，紧密联系有关协会和龙头企业，动员更多会员企业参与，发挥建筑产业优势，推动扶贫攻坚工作向纵深开展。会上，第一批412家建筑企业自愿加盟，共同倡议，在全行业带头开展打赢脱贫攻坚战的活动，积极投身精准扶贫工作。如广州市建筑集团统筹协调所属企业（广州市设计院、广州市市政集团有限公司、毕节穗金建设投资有限公司、喀什疏附广州国际商贸城有限公司），实施"一对一"精准对接帮扶。产业援建项目有"毕节·广州"产业园，一期可研批复总投资为5亿元，规划用地面积197047.18平方米，规划总建筑面积为119717.65平方米，主要包括金海湖科技中心、装配式厂房、人才公寓、孵化器、实验检测大楼、汽车库、装配式构件堆场、园区道路及管网配套等在内的工程建设总投资额2.92亿元。

二、提供技能培训，拓宽就业渠道

一人就业，全家脱贫，增加就业是最有效最直接的脱贫方式。长期坚持还可以有效解决贫困代际传递问题。一些建筑企业将帮扶地群众的就业需求与工程项目用工需求进行有效衔接，通过开办技能培训学校、与帮扶地签订劳务输出协议等多项举措增强困难群众脱贫的内生动力，确保取得可持续的脱贫成效。

（一）集中技能培训激发贫困人口内生动力

中国中铁股份有限公司统筹协调，积极作为，构建"培训＋推荐就业"模式，促进劳动力转移。一是投入50万元打造"保德好司机"劳务品牌，集中组织建档立卡贫困劳动力参加汽车驾驶员证培训，同时成立了"保德好司机"运输协会和"保德好司机"职业介绍所，帮助贫困户实现就业。二是抓技能培训扶贫，激发贫困人口内生动力，公司投入17.2万元在汝城县开展"人人有技能"精准扶贫送技能下乡活动，对1500名建档立卡贫困户进行种植技术培训，扶贫效果明显。同时主动与广东、深圳用人市场对接并输送460人外出就业。三是投入55万元支持44名贫困学生到中国中铁所属技校学习,并安排140多名贫困家庭劳动力到中国中铁项目部工作。

(二) 签订对口就业协议吸纳贫困家庭劳动力

中国建筑集团有限公司创新举措、建立机制,通过对贫困地区劳动力提供就业技能培训和就业岗位,将有意于从事建筑行业的建档立卡贫困人口转化为产业工人。一是与西藏自治区政府签订500亿元"十三五时期央企富民兴藏"项目战略合作协议,扎实推进就业扶贫工作。近三年,中建集团录用藏籍农民工341人,藏籍高校毕业生57人。二是建设完成中国首个建筑类产业扶贫就业基地,对口与云南省大理州洱源县等贫困地区达成就业协议,对该地区劳动力进行技能培训并优先提供就业岗位。

(三) 加强建筑产业工人队伍建设助力农户脱贫

2019年5月10日,大别山(麻城)建筑产业工人培育示范基地挂牌,这是湖北省及大别山片区第一个新时期建筑产业工人培育基地,也是住房和城乡建设部帮扶大别山片区的重点扶贫项目。在同期举行的第一期钢结构装配式培训班上,50名一线工人走进基地大讲堂,开展为期一周的专业技能培训。随即,绿色建筑、装配式建筑等不同主题的培训活动在基地相继开展。

中国冶金科工集团有限公司从贫困地区群众实际需求出发,积极开展技能培训,提升贫困群众自身硬实力。中国冶金科工集团立足国家脱贫攻坚与项目补充产业工人的双重需要,为困难群众提供大量就业岗位,大力吸收当地贫困群众投身工程项目建设。同时,公司着眼贫困群众的可持续脱贫和长远事业发展,多次组织培训团队奔赴施工现场为困难群众开展岗前技能培训。困难群众能够通过一技之长和踏实工作改变家庭贫困现状,实现稳定就业和增收,进而早日脱贫。

(四) 科学分类指导滴灌式精准就业扶贫

中国铁建股份有限公司对贫困群众的就业需求进行科学分类,使滴灌式就业扶贫更精准。一是先后引进河北省张家口市万全区、尚义县和青海省甘德县、甘肃省永靖、会宁、宕昌、武山四县农民工800多人次来企业在建项目务工,其中仅张家口市万全区劳务人员就增加收入300多万元。二是通过自主投资运营的渝蓉、济乐、德商、济鱼等高速公路项目,为沿线地区提供长期就业岗位1300多个。三是对于无法从事建筑业的劳动力,还成立家政劳务派遣公司,积极向北京、天津等地介绍输出家政服务人员。

三、聚焦住房安全,实现百姓安居

住房安全一直是影响农村贫困人口脱贫的重要因素之一,过去贫困户居住在年久失修的住房中且无力通过自身能力进行改造,基本住房安全无法保障。党的十八大以来,习近平总书记多次对贫困户住房安全问题作出重要指示,为做好脱贫攻坚农村危房改造工作提供了根本遵循。住房和城乡建设部会同有关部门,紧紧围绕实现贫困户住房安全有保障目标任务,持续推进脱贫攻坚农村危房改造,支持易地扶贫搬迁和保障性住房建设,为夺取脱贫攻坚战的全面胜利、为全面建成小康社会作出应有贡献。

(一)全面推进农村危房改造工作

住房和城乡建设部会同有关部门,将农村危房改造中央补助对象聚焦到建档立卡贫困户和其他3类重点对象,户均补助标准大幅提高。2019年以来,住房和城乡建设部全面推进农村危房改造工作,进一步提高对"三区三州"等深度贫困地区农村危房改造中央户均补助标准,指导相关省份持续加大倾斜支持力度,确保深度贫困地区与全国一道同步实现贫困户住房安全有保障目标。一是成立帮扶工作组,采取"云督战"和进村入户实地调研督导相结合的方式,对新增危房改造任务较多及脱贫攻坚大排查发现危房改造方面存在突出问题的14个省份开展"一对一"帮扶,并聚焦凉山州这一难中之难、坚中之坚,进一步加大督导帮扶力度,派帮扶小分队赴凉山州开展蹲点调研督导,指导四川省采取"一县包一乡"形式对口支援凉山州有关重点乡镇,调集1100余名技术工人驰援凉山州 24 个集中安置点。截至 2020 年 6 月 17 日，凉山州布拖县最后 7 户建档立卡贫困户农村危房改造任务全部竣工，标志着全国脱贫攻坚农村危房改造扫尾工程任务全面完成。二是联合国务院扶贫办部署开展建档立卡贫困户住房安全有保障核验工作，要求各地充分发挥和依靠村"两委"、驻村第一书记和驻村工作队力量，按照"鉴定安全""改造安全""保障安全" 3 种分类，对全国 2340 多万户建档立卡贫困户住房安全情况逐户进行核验，并开发了脱贫攻坚住房安全有保障核验小助手手机 App，组织各地核验一户，登记一户，并对核验发现的问题及时妥善解决。截至 2020 年 6 月 30 日，核验工作全面完成，所有建档立卡贫困户均已实现住房安全有保障。

（二）积极承建易地扶贫搬迁工程

对贫困人口实施易地扶贫搬迁，是脱贫攻坚有效措施之一。面对"一方水土养活不了一方人"的现实困境，《全国"十三五"易地扶贫搬迁规划》中明确要求坚持搬迁与脱贫两手抓，促进搬迁群众稳定脱贫。中国建筑集团有限公司积极承建各地区易地扶贫搬迁工程，助力贫困群众享受新居，告别贫困生活，在全国最大跨县易地扶贫搬迁安置区云南省昭通市靖安新区易地扶贫搬迁安置区建设项目中承建总建筑面积 75.28 万平方米，建成后将安置 5082 个贫困户共计 24300 人。在解决搬迁群众住房问题同时，还将建造幼儿园、小学、中学、医院等基础配套设施，切实解决搬迁群众再就业再生产及生活出行等问题，更好地助力"十三五"扶贫攻坚，在二期中还将配套建设安置房 19 栋楼、31 个单元，中学 1 所、小学 2 所、幼儿园 2 所，安置区卫生院 1 所，解决搬迁群众就学就医和日常生活等问题。中国交通建设股份有限公司坚持"挪穷窝、换穷业、拔穷根"并举，推动扶贫搬迁取得成效。一方面，按照"搬得出、稳得住、有事做、能致富"的要求，与怒江地方政府共同创新扶贫工作模式，参与制定搬迁规划。支持扶贫搬迁示范村建设项目，出资 400 万元援助贡山县建设中交小区危房改造项目，将改善 700 多人生活居住条件；参与泸水县安置点建设，提供 1000 万配套资金支持，新建安居房 679 套约 5.5 万平方米。另一方面，修建从安置点至村级主干道的道路，打通"最后一公里"，解决出行困难；出资90万元建设怒江面积最大、设施最完善的村级综合设施；捐赠2台大型工程机械，不仅用于保障乡村道路的畅通，还实现年租赁收益26万元，将持续用于扶贫项目建设。

（三）大力支持城镇保障性住房建设

2019年住房和城乡建设系统的重点工作之一是加快解决中低收入群体住房困难，健全城镇住房保障体系。2019年4月，住房和城乡建设部会同财政部下达《2019年中央财政城镇保障性安居工程专项资金预算》（财综〔2019〕14号），该专项资金用于向符合条件的在市场租赁住房的城镇住房保障家庭发放租赁补贴和支持城市棚户区改造项目。2019年5月，住房和城乡建设部等四部委发布《关于进一步规范发展公租房的意见》（建保〔2019〕55号），提出要继续做好城镇中等偏下及以下收入住房困难家庭的住房保障工作，加大对新就业无房职工、城镇稳定就业外来务工人员的保障力度。"十三五"期间全国棚改累计开工预计超过2300万套，帮助5000多万居民搬出棚户区住进楼房。截至2019年底，3800多万困难群众住进公租房，累计近2200万困难群众领取了租赁补贴，低保、低收入住房困难家庭基本实现应保尽保，中等偏下收入家庭住房条件有效改善。大力发展小户型、低租金的政策性租赁住房，加快解决新市民住房问题。住房公积金制度不断完善，2016年以来累计支持约2000万缴存人贷款购买住房，支持超过2000万缴存人提取住房公积金支付房租。

四、完善基础设施，铺就发展通道

基础设施是一个地区实现经济社会繁荣发展的基础性和先导性条件。一些建筑企业认识到，落后的基础设施严重制约着贫困地区的经济社会发展空间，极大地阻碍了脱贫工作的开展和长效机制的建立。因此，这些企业积极发挥主业优势，着力推动一批项目落地，显著改善了当地落后的基础设施条件。同时，住房和城乡建设部着力加强城市基础设施建设，促进了城市高质量发展和居民生活品质提高。

(一）改善贫困地区公共服务设施和生活设施条件

发展农村生产和保证农民生活的公共服务设施越来越受到重视，提高老百姓的幸福指数、提升人口素质、助力扶贫开发的"软实力"离不开贫困地区的基础设施的不断完善。中国建筑集团有限公司立足企业行业优势和专业能力，推动贫困地区基础设施和大型工程项目建设，为贫困地区增强发展的内生动力创造更好条件。通过 PPP 项目（中国建筑投资建造运营）推动甘肃省基础设施建设，例如总投资额 258 亿元的 G341 线白银—中川—永登公路二期工程、G312 线清水驿—苦水段及 G109 线忠和—河口段公路改建工程，将从根本上解决该贫困地区交通基础设施发展不足的问题。高标准设计建造敦煌文博会展场馆，打造丝路明珠新景点，每年吸引百万计游客造访，拉动当地经济发展明显。

中国铁建股份有限公司注重发挥自身基建优势，把改善贫困地区交通基础设施和生活设施条件，当作扶贫工作一项重要任务来抓。一是加强道路基础设施建设。先后为河北、青海、山西、湖北等 10 多个省的贫困地区修建各类简易道路 295 公里，修复受损河堤 2050 米，新建和维修桥梁 3 座，累计投入资金 338 万元，有效改善了当地人民交通出行条件。二是强化生活设施建设。为彻底解决湖北省通山县神堂村和雨山村、丹江口市银梦湖村、河南省卢氏县杨眉河村、车岭村吃水难问题，先后免费修建蓄水池、饮水井窖等饮水工程。累计投入 265 万元的物资，为甘肃省会宁县焦家河村、中川村，宕昌县庞家乡松扎村、理川镇陈家沟村，武山县山丹镇车岸村改造和加固危房，建设党员活动室、综合服务中心、卫生室、农家书屋、公共浴室，购置垃圾清运车，建设垃圾焚烧池。

中国电建集团有限公司结合贫困地区发展实际和短板，充分发挥公司电力工程建设优势，从规划、设计等方面，助力贫困地区做好发展规划、重点工程前期工作等。公司在新疆民丰县大力开展电力、农田水利建设，补齐短板，创建良好的生产生活环境，为脱贫攻坚打下坚实基础。公司投入资金约 390 万元，实施了民丰县安迪尔乡和亚瓦通古孜乡电力入户及线路改造工程，涉及 264 户近 900 名贫困人口，有效解决了维吾尔族村民生产生活用电困难问题;实施了民丰县亚瓦通古孜等4个乡镇斗(支)渠防渗改造工程,改造防渗渠16公里,修建农桥47座,节制分水闸205座,为当地特色农作物红枣、核桃的生产创造了良好的生产条件,带动了地方贫困群众的劳务就业和经济收入的提升。

(二) 兴建校舍振兴乡村教育

2019年,中建集团主办"春蕾行动",意在帮助改善贫困村的办学条件和教学质量,以捐资助学、兴建校舍为扶贫抓手,在帮扶地努力解决"就学难"的问题。中建集团投资建设卓尼县博峪小学、康乐县城南幼儿园和城南小学,为少数民族聚居区300名学龄儿童提供优质的学习环境,解除了838户村民的后顾之忧。另外中国中铁股份有限公司聚焦提升乡村教育水平,阻断贫困在代际间的传递,在帮扶地持续开展捐资助学等公益活动。2019年投入100.4万元资助三县贫困新生和在校大学生1209名,在保德县投入10万元,把保德县建档立卡贫困户最偏远的南河沟乡92名中小学住宿生和留守儿童作为重点教育帮扶对象;投入10万元帮助桂东县沤江一完小更新多媒体教学设备。中国交通股份有限公司大力改善贫困地区教育硬件,实施教育扶贫项目4个,捐建两间电脑教室,投入资金561万元,用于怒江州部分校舍改造和建设,改善2900名学生的学习生活环境。同时加大对贫困学生帮扶,公司出资300万元在福贡县设立职业教育扶持基金,惠及3000多名职业教育学生,有效解决"回流""辍学"问题;资助贫困大学生45名,资助金额共计20余万元。

(三) 加强城市基础设施建设促进高质量发展

住房和城乡建设部以提高城市基础设施、促进城市高质量建设发展作为2019年工作总体要求和重点任务之一。2019年以来,天津、杭州、青岛、重庆等地深入推进海绵城市建设,极大改善了居民社区环境,减轻了城市防洪压力。2019年4月,住房和城乡建设部会同生态环境部和国家发展改革委印发《城镇污水处理提质增效三年行动方案(2019—2021年)》(建城〔2019〕52号),强调要推进生活污水收集处理设施改造和建设,以加快补齐城镇污水收集和处理设施短板,尽快实现污水管网全覆盖、全收集、全处理。2019年6月,住房和城乡建设部印发《城市地下综合管廊建设规划技术导则》(建办城函〔2019〕363号),继续因地制宜推进各地地下综合管廊建设。此外,住房和城乡建设部指导各地有计划、分步骤实施城镇住宅抗震加固工程,提高城镇房屋建筑抗震防灾能力,并持续推进绿色城市、智慧城市建设,通过提高城市基础设施着力改善居民生活和居住品质。

第四章 强化工程质量保障 提升建筑工程品质

提升工程质量是建设质量强国的重要组成部分。建筑工程质量事关人民群众生命财产安全，事关城市未来和传承，事关新型城镇化发展水平。近年来，建筑工程质量管理体系不断完善，建筑品质总体水平稳步提升，但建筑工程量大面广，各种质量问题依然时有发生。《中共中央 国务院关于开展质量提升行动的指导意见》（中发〔2017〕24号）提出，要提升建设工程质量水平，确保重大工程建设质量和运行管理质量，建设百年工程。2019年9月15日，《国务院办公厅转发住房城乡建设部关于完善质量保障体系提升建筑工程品质指导意见的通知》（国办函〔2019〕92号）发布，明确了进一步完善建筑工程质量保障体系的总体要求和重点任务，是当前和今后一个时期指导建筑工程质量管理、提升建筑工程品质的纲领性文件。

一、建立长效管理机制强化各方责任

从国际角度来看，加强工程质量监督与管理的重点是落实责任主体的质量行为，即以责任主体的质量行为作为工程质量控制的着力点。2000年以来，随着我国建设工程质量核准由等级核验制转变为竣工验收备案制，政府质量监督工作的重点也由实体质量监督转为对工程质量责任主体质量行为的监督。完善建筑工程质量保障体系提升建筑工程品质，首先要明确工程建设各方主体应承担的权利和义务，健全权责一致、科学合理的质量责任体系。

（一）突出建设单位首要责任

建设单位作为工程项目的投资者、决策者和组织者，主导着建设项目的质量目标，其行为对工程品质具有决定性影响。2020年9月11

日，住房和城乡建设部印发《关于落实建设单位工程质量首要责任的通知》（建质规〔2020〕9号），在总结相关规定及工程实践要求的基础上，首次提出建设单位工程质量首要责任内涵要求，明确建设单位作为工程建设活动的总牵头单位，是工程质量第一责任人，依法对工程质量承担全面责任，应严格执行法定程序和发包制度，保障合理工期和造价，全面履行质量管理职责。针对与人民群众利益密切相关的住宅工程质量保修责任不明确、质量信息不透明、房地产开发企业重房屋预售轻工程质量、保障性安居工程质量参差不齐等问题，提出了完善住宅工程质量与市场监管联动机制，督促建设单位加强工程质量管理，严格履行质量保修责任，推行质量信息公开等重点举措。围绕现行法律法规对建设单位质量责任规定处罚依据不足、追责不到位等问题，住房和城乡建设部要求各地建立健全建设单位落实首要责任监管机制，提出加大政府监管力度、强化信用管理和责任追究等具体措施。

（二）落实施工单位主体责任

施工现场是质量安全事故的高发地，施工单位是做好安全生产管理工作、提高建筑施工安全性的主体责任人。当前，推行工程质量安全手册制度是落实施工单位主体责任的重要抓手。2019年11月7日，住房和城乡建设部贯彻落实国办函〔2019〕92号文件要求，在湖北省武汉市召开建筑工程品质提升推进会暨推行工程质量安全手册观摩会，会议强调，推行工程质量安全手册制度是住房和城乡建设部根据新时代高质量发展战略作出的重要决定，是改革和完善质量保障体系的创新举措。各地要将贯彻落实工程质量安全手册摆在当前工作突出位置，抓紧制定地方和企业手册，加强手册宣传贯彻，开展手册示范活动，强化手册监督落实，将手册制度与建筑工人培训教育紧密结合，通过执行手册，着力提升质量安全管理标准化和规范化水平。会议要求，各地要高度重视建筑施工安全生产工作，切实提高政治站位，牢固树立"红线"意识，按照"管行业必须管安全"的要求，继续深入开展安全生产隐患大排查，对事故责任企业和人员依法依规严罚重处，严格落实企业安全主体责任，确保全国建筑施工安全生产形势稳定。

吉林省住房和城乡建设厅印发《2019年建筑施工领域安全生产暗访工作实施方案》重点检查建设、施工等单位安全生产主体责任落实情况

2019年7月19日，吉林省住房和城乡建设厅根据《吉林省房屋市政工程及运营管理安全生产暗访工作制度》制定《2019年建筑施工领域安全生产暗访工作实施方案》，将暗访作为强化安全监管的重要手段，及时发现和解决企业层面存在的安全隐患，倒逼企业落实安全生产主体责任，有效防范和坚决遏制重特大事故发生，为新中国成立70周年创造良好的安全稳定环境。

方案要求从8月份起至12月上旬，各级住房和城乡建设主管部门要采取"四不两直""扫马路"、单项检查与专项检查相结合的方式，紧紧围绕企业安全主体责任落实这个关键，紧盯安全生产过程中的"关键人、关键事、关键岗、关键时"，以深基坑、脚手架、起重机械、高处作业吊篮等危险性较大分部分项工程隐患排查为重点，深入开展建筑施工领域安全生产暗访工作，严厉打击安全生产违法违规行为。

方案指出以下重点检查内容：建设、施工、监理、专业分包、劳务分包、租赁、安装等单位安全生产主体责任落实情况；《危险性较大的分部分项工程安全管理规定》等法律法规和规范性文件落实情况；《工程质量安全手册（试行）》执行情况；施工现场的建筑起重机械、高支模、深基坑等危险性较大的分部分项工程安全隐患排查情况；施工现场安全管理人员配备情况，特种作业人员持证上岗情况以及三级教育和安全技术交底情况；建筑起重机械产权备案、安装（拆卸）告知、安全档案建立、检验检测、安装验收、使用登记、定期检查维护保养等制度执行情况，起重机械安装拆卸人员、司机、信号司索工持证上岗情况；安全帽、安全带、安全网等安全防护用品质量情况，汛期安全防范工作落实情况；安全风险管控和隐患排查治理双重预防机制落实情况；房屋市政工程领域扫黑除恶专项斗争开展情况等。

方案同时要求要加强组织领导。提高暗访效果。加大处罚的力度。各级住房和城乡建设主管部门要对暗访中发现的违法违规行为，从严从重从快坚决予以查处，特别是对查出隐患不制定整改措施或不执行整改要求的企业或个人，要严肃追究责任，并按相关规定予以上限处罚。

（三）明确房屋使用安全主体责任

《国务院办公厅转发住房城乡建设部关于完善质量保障体系提升建筑工程品质指导意见的通知》（国办函〔2019〕92号）提出要明确房屋使用安全主体责任。房屋使用安全涉及公共安全，房屋所有权人应承担房屋使用安全主体责任，应当正确使用房屋和维护房屋安全，严禁擅自变动房屋建筑主体和承重结构；加强房屋使用安全管理，房屋所有权人及其委托的管理服务单位要定期对房屋安全进行检查，有效履行房屋维修保养义务，切实保证房屋使用安全。

上海市住房和城乡建设委：进一步明确房屋使用安全的主体责任、监管责任及相关利益人的权利义务

上海市住房和城乡建设委积极响应"头顶上的安全"问题，表示要持续开展本市房屋建筑高空坠物风险隐患排查整治，努力确保百姓"头顶上的安全"，并研究房屋使用安全立法工作，进一步明确房屋使用安全的主体责任、监管责任及相关利益人的权利义务。

上海市住房和城乡建设委要求物业服务企业将房屋外墙安全隐患巡查纳入住宅小区项目经理每日巡查范围，做到第一时间发现、第一时间报告、第一时间警戒、第一时间防护。同时成立"上海市房屋管理应急指挥中心"，开发上海物业App"灾情上报"功能，完善"上海市物业管理监管与服务平台"，建立风险隐患电子台账。

针对近年来多起使用无机保温砂浆的外墙外保温系统质量问题，2019年上半年，经组织专业机构和行业专家充分研究，制定了针对外墙外保温系统维修的相关技术规定。截至2019年7月，已对9151个物业小区进行了高空坠物隐患风险排查，涉及房屋建筑约22.3万幢，排查发现的11个严重隐患项目已列入应急处置范围，部分项目已进入维修施工阶段。

针对外立面附加设施，制定《空调外机等外立面附加设施整治三年行动计划（2019—2021）》以及检查处置技术导则、分类整治图册等配套标准，推动形成外立面附加设施管理长效常态机制。同时，启动全市重点区域211处重要建筑外立面整治工作。建设"上海市建筑幕墙管理平台"，逐步推进玻璃幕墙"一楼一档"信息入网。约6400幢玻璃幕墙建筑纳入平台监管范围。

针对房屋使用过程中的安全问题（尤其是高空坠物风险隐患），为进一步明确房屋使用安全的主体责任、监管责任及相关利益人的权利义务，组织开展房屋使用安全管理立法研究。已初步形成《上海市房屋使用安全管理办法》。

上海市住房和城乡建设委表示，正抓紧出台全面排查整治房屋建筑高空坠物安全隐患的工作意见，并进行全面部署，推进排查整治全面深入开展。初步内容为：一是全面落实业主安全主体责任；二是明晰处置流程；三是责任认定及专业检测；四是明确维修实施主体；五是保障措施及长效机制。

吉林省长春市住房保障和房屋管理局明确房屋安全主体责任
禁止拆改房屋承重墙、剪力墙

2019年3月21日，吉林省第十三届人民代表大会常务委员会第十次会议批准，《长春市城市房屋安全管理条例》（修订）将于7月1日起正式施行。修订后的《长春市城市房屋安全管理条例》与百姓安居乐业、正常生活息息相关。"房屋所有权人是房屋安全责任人。拨用房产的使用人（单位）是拨用房产的房屋安全责任人"。

条例在修订过程中吸取了公众、专家的意见建议，规定了房屋安全责任人合理使用房屋的具体权利义务。新《长春市城市房屋安全管理条例》第八条明确规定，房屋安全责任人承担下列房屋安全责任：对房屋负有安全使用、定期检查维护、委托安全鉴定、及时治理安全隐患并保留相关资料的义务；对因房屋使用安全事故造成的人身、财产损害依法承担赔偿责任；配合做好房屋安全调查；采取人员转移、防汛、防灾等应急抢险措施，以及设置危房标志；对危险房屋及时采取处理措施；法律、法规规定的其他责任。

新《长春市城市房屋安全管理条例》还确定了房屋主体和承重结构的完好是保证房屋居住和使用安全的前提，从保障房屋结构安全的角度，禁止实施危害房屋结构安全的行为。禁止危害房屋结构安全的行为主要有：拆改房屋承重墙、剪力墙、梁、柱、楼板、基础结构等；在承重墙上开挖门、窗或者改变承重墙上原有的门、窗尺寸；超过设计标准增加房屋使用荷载；在房屋楼面结构层开凿或者扩大洞口；挖建地下室或者降低房屋地坪标高；在房屋顶面上加层建房搭棚；其他危害房屋结构安全的行为。

二、大力推行绿色建筑与建造方式变革

据测算，我国每年建筑消耗的水泥、玻璃、钢材分别占全球总消耗量的45%、42%和35%，传统建造方式资源消耗大、污染排放高，越来越不可持续。完善质量保障体系提升建筑工程品质，亟需大力推行绿色建造方式，强化适应绿色发展的工程建设组织实施模式。2019年，住房和城乡建设部及各地住房和城乡建设主管部门积极开展建筑节能工作，大力发展装配式建筑等绿色建造方式，并通过支持绿色建材产品推广应用和建筑垃圾减量化等举措，为降低建筑业资源消耗、实现新旧动能转换作出重要贡献。

（一）深入开展建筑节能工作

加强建筑节能管理。一是加强建筑节能管理制度建设。修订《民用建筑节能管理规定》，明确各方主体责任，加强管理机制建设。二是提升建筑节能标准水平。推动实施《严寒和寒冷地区居住建筑节能标准》《近零能耗建筑技术标准》，提升建筑能源利用效率。三是推动北方地区冬季清洁取暖试点城市工作。加强对两批北方地区冬季清洁取暖试点城

市的督促指导，配合财政部开展实施效果检查，并与财政部等部门联合印发《关于北方地区冬季清洁取暖试点城市工作2018年度绩效评价有关情况的通知》。印发《农村地区被动式太阳能暖房图集（试行）》和《户式空气源热泵供暖技术导则（试行）》。四是推动公共建筑节能。起草了《关于进一步推进公共建筑能效提升重点城市建设有关工作的通知》，推动开展第二批公共建筑能效提升重点城市。五是推动可再生能源建筑应用。会同工业和信息化部印发《智能光伏试点示范项目名单》，推动智能光伏建筑应用。截至2019年底，全国城镇新建建筑全面执行节能强制性标准，累计建成节能建筑面积近200亿平方米，节能建筑占城镇民用建筑面积比重超过56％。

大力发展绿色建筑。一是提升绿色建筑标准水平。发布2019版《绿色建筑评价标准》，坚持以人民为中心的发展思想，创新重构评价指标体系，向人民群众提供安全耐久、健康舒适、生活便利、资源节约和环境宜居的高品质建筑。二是开展绿色建筑创建行动。根据党中央、国务院关于绿色生活创建的有关要求，住房和城乡建设部会同国家发展改革委等6部门共同印发《绿色建筑创建行动方案》，明确到2022年，当年城镇新建建筑中绿色建筑面积占比将达到70％的目标，并提出重点工作任务和组织实施方案。三是完善绿色建筑标识管理制度。起草"绿色建筑标识管理办法"，完善绿色建筑标识申报、审查、公示和监督管理制度，规范绿色建筑标识管理，保障获得标识项目质量。四是推动绿色金融与绿色建筑协调发展。会同人民银行、银保监会印发《关于支持浙江省湖州市推动绿色建筑和绿色金融系统发展的批复》，推动湖州等地探索绿色金融支持绿色建筑发展，创新绿色建筑推动模式。指导青岛编制"青岛市绿色城市建设发展试点方案"，推动绿色金融支持以绿色建筑为核心的绿色城市建设发展。五是开展绿色建筑创新奖评选。印发《关于开展2020年度全国绿色建筑创新奖申报工作的通知》，组织绿色建筑创新奖评选，对技术、管理创新性突出，经济、社会、环境效益显著，使用者满意度高、体验性好、获得感强，具有良好推广应用价值的绿色建筑项目给予奖励，推动绿色建筑创新发展。截至2019年底，城镇当年新建绿色建筑占新建民用建筑比例达到65％，全国城镇累计建设绿色建筑面积超过 50 亿平方米，全国获得绿色建筑标识的项目 2 万余个。

（二）大力发展装配式建筑

装配式建筑推进取得快速发展。 2019 年全国新开工装配式建筑面积 4.2 亿平方米，较 2018 年增长 45％，占新建建筑面积的比例约为 13.4％。全国新开工装配式建筑面积近 4 年年均增长率为 55％，其中，京津冀、长三角、珠三角三大城市群等重点推进地区新开工装配式建筑占全国的比例为 47.1％，常住人口超过 300 万的积极推进地区和鼓励推进地区新开工装配式建筑占全国比例的总和为 52.9％，装配式建筑在东部发达地区继续引领全国的发展，同时，其他一些省市也逐渐呈规模化发展局面。上海市 2019 年新开工装配式建筑面积 3444 万平方米，占新建建筑的比例达 86.4％；北京市 1413 万平方米，占比为 26.9％；湖南省 1856 万平方米，占比为 26％；浙江省 7895 万平方米，占比为 25.1％。江苏、天津、江西等地装配式建筑在新建建筑中占比均超过 20％。2020 年 9 月 10 日，印发《住房和城乡建设部办公厅关于认定第二批装配式建筑范例城市和产业基地的通知》（建办标函〔2020〕470 号），认定重庆市等 18 个城市为第二批装配式建筑范例城市，天津市现代建筑产业园区等 12 个园区、北京建工集团有限责任公司等 121 家企业为第二批装配式建筑产业基地，充分发挥范例城市和产业基地的引领带动作用，促进新型建筑工业化全产业链发展。

加快新型建筑工业化发展。 印发《住房和城乡建设部等部门关于加快新型建筑工业化发展的若干意见》（建标规〔2020〕8 号），统筹推进新型建筑工业化各项工作任务，大力推广装配式等新型建筑工业化建造方式，着力提升精益化生产施工水平，实现工程建设的高效益、高质量、低消耗、低排放。编制发布《钢结构住宅主要构件尺寸指南》，启动《装配式住宅设计选型标准》《装配式混凝土结构住宅主要构件尺寸指南》和《装配式住宅装配化装修主要部品部件尺寸指南》，构建"1＋3"标准化设计和生产体系，指导标准化设计和生产，促进新型建筑工业化发展。

积极开展装配式住宅建设试点工作。 2019 年 3 月 27 日，住房和城乡建设部公布《住房和城乡建设部建筑市场监管司 2019 年工作要点》（建市综函〔2019〕9 号），指出要开展钢结构装配式住宅建设试点，在试点地区保障性住房、装配式住宅建设和农村危房改造、易地扶贫搬迁中，明确一定比例的工程项目采用钢结构装配式建造方式。推动浙江、山东、四川、湖南、江西、河南、青海 7 个省深入开展钢结构装配式住宅建设试点工作，明确了试点目标、范围以及重点工作任务，组织制定了具体试点工作方案，落实了一批试点项目。

（三）支持绿色建材推广应用

推进实施绿色建材产品认证制度。 2019 年 11 月 8 日，住房和城乡建设部联合市场监管总局、工业和信息化部印发《绿色建材产品认证实施方案》（市监认证〔2019〕61 号），进一步理顺绿色建材的工作机制，成立绿色建材产品标准、认证、标识推进工作组，研究搭建绿色建材采信应用数据库，以推进实施绿色建材产品认证制度，健全绿色建材市场体系，增加绿色建材产品供给，提升绿色建材产品质量。2020 年 8 月 3 日联合市场监管总局、工业和信息化部印发《关于加快推进绿色建材产品认证和生产应用的通知》，进一步推进绿色建材产品认证和生产应用，截至目前，已有 1500 余个建材产品获得绿色建材评价标识。

开展政府采购支持绿色建材试点工作。 2020 年 10 月 21 日，住房和城乡建设部联合财政部发布《关于政府采购支持绿色建材促进建筑品质提升试点工作的通知》（财库〔2020〕31 号），确定选取南京、杭州、绍兴、湖州、青岛、佛山 6 个城市开展政府采购支持绿色建材促进建筑品质提升试点工作，试点工作为期 2 年，试点项目为医院、学校、办公楼、综合体、展览馆、会展中心、体育馆、保障性住房等新建政府采购工程。10 月 22 日，住房和城乡建设部标准定额司和财政部国库司联合召开座谈会，对政府采购支持绿色建材促进建筑品质提升试点工作进行动员部署。会议要求在政府采购工程中，探索支持绿色建筑和绿色建材推广应用的有效模式，提高绿色建筑和绿色建材在政府采购工程中的比重，并充分发挥市场定价作用，将政府采购绿色建筑和绿色建材增量成本纳入工程造价。会议强调,各试点城市要形成绿色建筑和绿色建材政府采购需求标准,落实绿色建材采购要求,探索开展绿色建材批量集中采购,严格工程施工和验收管理。

(四) 推进建筑垃圾减量化

2020年5月8日,住房和城乡建设部发布《关于推进建筑垃圾减量化的指导意见》(建质〔2020〕46号),以进一步做好建筑垃圾减量化工作,促进绿色建造和建筑业转型升级。文件指出施工单位应组织编制施工现场建筑垃圾减量化专项方案,明确建筑垃圾减量化目标和职责分工,从源头减量、分类管理、就地处置、排放控制角度提出做好设计深化和施工组织优化、强化施工质量管控、提高临时设施和周转材料的重复利用率、推行临时设施和永久性设施的结合利用、实行建筑垃圾分类管理、引导施工现场建筑垃圾再利用、减少施工现场建筑垃圾排放等具体措施。

三、建立健全工程担保保险与建筑市场信用体系

建筑业作为国民经济的支柱性产业,其重要作用日益体现。但从整体上看,由于涉及面广、交易额大、可变因素多,又缺乏必要的制度约束,我国建筑市场目前信用缺失现象还十分普遍。完善质量保障体系提升建筑工程品质,充分发挥市场在资源配置中的决定性作用,着力解决建筑市场体系不完善、主体活力不足、信用缺失现象普遍等问题,就要将各种与信用建设有关的力量有机地整合起来,激励守信行为,制约和惩罚失信行为,建立建筑市场综合治理机制,共同促进建筑市场的整体信用水平的完善。

(一) 加快推行工程担保与保险制度

工程担保和保险是市场经济条件下防范和化解工程质量风险的基本手段,也是发挥市场对工程质量约束作用的重要途径。推行工程担保和保险,有助于规范工程承发包交易行为,为工程建设各方履行质量责任创造有利环境;有助于有效处置工程质量缺陷和质量投诉,维护群众利

益；有助于运用保险等市场力量加强质量风险管控，确保工程质量。

全面推行银行保函代替保证金。2019年1月，住房和城乡建设部发布《关于支持民营建筑企业发展的通知》（建办市〔2019〕8号）强调，支持银行保函替代保证金，除要求要支持民营建筑企业的发展之外，着重强调了在民营建筑企业中用银行保函替代保证金，减少民营建筑企业的资金负担，助力民营建筑企业的全面发展。文件第四条指出：推行银行保函替代保证金。除投标保证金、履约保证金、工程质量保证金和农民工工资保证金外，严禁向民营建筑业企业收取其他保证金。对于保留的上述4类保证金，推行银行保函制度，民营建筑业企业可以银行保函方式缴纳。未按规定或合同约定返还保证金的，保证金收取方应向民营建筑业企业支付逾期返还违约金。2019年6月20日，住房和城乡建设部等6部门印发《关于加快推进房屋建筑和市政基础设施工程实行工程担保制度的指导意见》（建市〔2019〕68号）中强调，要分类实施工程担保制度，推行工程保函替代保证金。

探索采用最低价中标的工程实行高保额履约担保。《建筑业发展"十三五"规划》提出：对采用常规通用技术标准的政府投资工程，在原则上实行最低价中标的同时，推行提供履约担保基础上的最低价中标，以此制约恶意低价中标行为。2019年12月25日，住房和城乡建设部发布《关于进一步加强房屋建筑和市政基础设施工程招标投标监管的指导意见》（建市规〔2019〕11号），强调要加快推行工程担保制度，推行银行保函制度并在有条件的地区推行工程担保公司保函和工程保证保险，招标人要求中标人提供履约担保的，招标人应当同时向中标人提供工程款支付担保，并进一步明确对采用最低价中标的探索实行高保额履约担保。

各地加快发展工程质量保证保险。一是建设单位投保的工程质量潜在缺陷责任保险。2019年4月，北京市住房和城乡建设委等四部门发布《北京市住宅工程质量潜在缺陷保险暂行管理办法》，要求将投保质量潜在缺陷保险列为新建住宅工程项目的土地出让条件。海南省从2019年9月到2021年6月期间，选取海口市、儋州市作为主要试点地区，鼓励其他市县开展质量潜在缺陷保险试点；以新建的住宅工程项目作为主要试点对象，鼓励其他条件成熟的新建公共建筑开展试点。2019年6月，广西银保监局联合住房和城乡建设、自然资源、金融办等部门印发《关于推进南宁市建筑工程质量潜在缺陷保险的实施意见（试行）》，加快推进建筑工程质量潜在缺陷保险在广西试点落地，并对试点的保险责任、保险期限、保险金额及费率、风险管理模式等24项内容进行了明确，构建了广西试点开展建筑工程质量潜在缺陷保险的运作模式，成为试点工作的指导性文件。二是施工单位投保的工程质量保证保险。截至2019年底，浙江、湖北等地区试行涵盖工程质量保修阶段的建设工程综合保险，四川、青海等地明确任何单位不得拒绝建筑企业以保证保险形式提交的工程质量保证金，以安徽为代表的地区实行工程质量保险制度，投保后发包人同样不得再预留工程质量保证金。2020年3月5日，山东省住房和城乡建设厅等四部门发布《关于开展房屋建筑和市政工程施工质量保证保险工作的意见（试行）》，明确在全省房屋建筑和市政工程承发包活动中试行工程质量保证保险工作。

（二）完善全国建筑市场监管公共服务平台

全国建筑市场监管公共服务平台（四库一平台）是监管建筑业企业和执业人员诚信信息的重要工具。全国建筑市场监管公共服务平台不断完善，信息发布功能持续优化。截至2020年10月，平台共收录建设行业企业信息26.97万条，注册执业人员信息299.23万条，建设工程项目信息180.98万条，企业和人员诚信信息6233条，平台访问量达到7.33亿次。建筑市场黑名单制度有效实施，截至2020年10月底，平台已发布建筑市场主体黑名单165条。大力推进资质审查"一网通办"，自2019年10月起，住房和城乡建设部负责的建设工程企业资质延续审查全部纳入国家政务服务平台，接受各方监督。

（三）进一步整治工程建设领域职业资格"挂证"现象

2019年2月，住房和城乡建设部印发《关于做好工程建设领域专业技术人员职业资格"挂证"等违法违规行为专项整治工作的补充通知》（建办市函〔2019〕92号），进一步明确"挂证"行为认定标准及处理办法。住房和城乡建设部依托"全国建筑市场监管公共服务平台"并会同人力资源社会保障部通过比对社保缴费信息等方式，对全国31.7万家企业、223.9万名专业技术人员进行全面排查，形成4批社保缴纳单位与注册单位不一致的"挂证"存疑名单，通过专项整治工作信息系统下发各地逐一进行核实，督促有关企业和专业技术人员及时进行整改。同时跟踪掌握各地专项整治进展情况和工作中存在的问题，研究提出有针对性的处理措施，并结合2019年全国建筑市场和工程质量安全监督执法检查，对30个省、自治区、直辖市（西藏除外）"挂证"专项整治工作开展情况进行检查，在门户网站设立了"各地'挂证'举报电话汇总"专栏，按省份公布举报电话、邮箱及网址，拓宽投诉举报渠道，并督促各地做好问题线索核实和处理工作。截至2019年11月底，各地共受理"挂证"举报投诉1万余件，全国共133.8万人次完成整改，住房和城乡建设部会同工信部、中央网信办等部门查封发布违规挂证信息的网站95家、微信公众号122个、个人QQ账号594个，清理相关微信公众号292个、QQ群1846个。

（四）开展建设企业社会信用评价工作

2019年，工程建设行业深入落实国家信用体系建设要求，广泛开展行业信用评价工作。中国施工企业管理协会信用评价工作委员会按要求开展工程建设企业社会信用评价工作。参评对象包括符合《工程建设企业社会信用评价管理办法》申报条件的初评企业、2016年度已取得协会授予信用评价等级的复评企业、2017和2018年度取得协会授予信用评价等级的年审企业三类。2019年两批参与中施企协组织的工程建设企业社会信用评价初评的126户企业中，89户被评为AAA，26户被评为AA，11户被评为A；两批参加复评的581户企业中，542户为AAA，21户为AA（含两户由AAA调整为AA的企业），13户为A，另有五户企业被撤销AAA信用等级；第三批参加年审的42户企业中，37户为AAA，4户为AA，1户为A。

四、加快建立中国特色工程建设标准体系

完善质量保障体系提升建筑工程品质，要充分发挥工程建设标准的

支撑和引领作用。经过近几十年的发展，我国已建立起具有中国特色的标准体系，组织制定了涵盖30余个行业和领域的7000余项工程建设标准，在保障工程质量安全、推进建筑业持续发展、推动中国建造走出去等方面发挥了重要支撑作用。

（一）深化工程建设标准体系改革

积极推进住房和城乡建设领域38本全文强制性工程建设规范编制工作。 工程规范是开展工程建设活动的"底线"要求，具有"技术法规"性质，在我国工程建设标准规范体系中位于顶层。为贯彻落实国务院《深化标准化工作改革方案》（国发〔2015〕13号）精神，按照住房和城乡建设部《关于印发深化工程建设标准化工作改革意见的通知》（建标〔2016〕166号）构建我国全文强制性工程建设规范体系要求，住房和城乡建设部组织中国城市建设研究院有限公司等单位起草了《城乡给水工程项目规范》等住房和城乡建设领域工程规范征求意见稿，在征求各地住房和城乡建设行政主管部门及有关单位意见的同时，于2019年2月和10月两次向社会公开征求意见。工程规范主要规定保障人身健康和生命财产安全、国家安全、生态环境安全以及满足经济社会管理基本需要的技术要求，分为项目规范和通用规范两类，主要内容为项目建设的规模、布局选址、功能、性能，以及必要的关键性技术措施，是工程建设的控制性底线要求。参照国际通行做法，工程规范发布后将替代现行强制性条文，并作为约束推荐性标准和团体标准的基本要求。

建立"条块结合"的工程建设标准体系，加强标准规范编制管理。 按照"条块并重"原则，住房和城乡建设部下达了《全国房地产基础信息数据标准》《完整社区规划设计建设标准》《历史文化名城名镇名村防灾减灾标准》等20余项标准编制任务。同时，积极组织相关单位开展标准编制工作，组织编制及批准发布工程建设标准247项；组织开展2019年工程建设标准复审工作，对现行2000余项工程建设标准提出了"合并、转移、废止、修订、继续有效"等意见。

持续推进工程建设标准国际化。 执行世界银行贷款"中国经济改革促进与能力加强项目"（TCC6）中的一个子项目"中国工程建设标准'一带一路'国际化政策研究"。该项目是经财政部批准的世界银行贷款项目，也是住房和城乡建设部标准定额司第一次公开向全社会征询意向的标准国际化招标项目。该子项目的目标是全面调研分析中国工程建设标准在"一带一路"相关国家和地区应用中存在的问题及原因，提出加强工程建设标准国际合作方案和政策建议。此外，住房和城乡建设部标准定额司指导上海、深圳、广西、海南等地率先探索推进工程建设标准国际化的路径和措施，并开展中低速磁浮交通、石油化工、煤炭矿井等方面的工程建设标准英文版整体翻译。

（二）持续推进高质量发展新阶段工程建设标准体系建设

2019年10月23日至25日，中国工程建设标准化协会在浙江省杭州市举办2019中国工程建设标准化学术年会，住房和城乡建设部标准定额研究所、中国建筑科学研究院等作为主办单位参与会议。会议以建设推动高质量发展标准体系为中心，以"标准科技创新，建设质量强国"为主题，旨在持续深化标准化工作改革，着力提升标准化水平，促进工程建设质量提升。会议包括建筑工业化标准与实践、无障碍环境与养老服务设施建设、绿色标准助建生态文明、建筑保险促进建筑可持续发展、工程结构与抗震、数据中心标准创新与技术、建设工程质量检测与试验技术、全域海绵城市与流域系统治理、建筑环境与节能标准化研究与发展、信息化时代下工程建设标准国际化走向、BIM与智能建造、新时代医疗建筑工程建设标准发展趋势共12个分论坛，并举办中国工程建设标准化成就展。会议为全国工程建设标准领域专家、企业和协会提供了交流创新平台，为推进高质量发展新阶段工程建设标准体系建设作出重要贡献。

（三）进一步完善抗震标准体系

住房和城乡建设部发布《关于组织开展建筑抗震标准及实施情况调研的通知》（建办标函〔2018〕661号），组织2019年全国31个省（区、市）住房和城乡建设主管部门对建筑抗震标准及实施情况制定发布情况、现行建筑抗震标准实施情况、典型工程案例、建筑抗震标准体系自身和执行中存在的问题及标准实施的法规政策环境与体制机制存在的问题等进行调研，并提出进一步提高房屋建筑抗震防灾能力的对策及建议。

五、探索加强工程质量安全监督新模式

完善质量保障体系提升建筑工程品质，必须坚持依法行政，强化政府对工程建设全过程的质量监管，严厉查处各类违法违规行为，建立健全严格、公正、权威、高效的监管制度。随着质量监管法规和技术性文件逐步完善，执法手段多元化发展，基于"互联网＋"的监管模式也在不断探索，质量监管效率得到有效提升。

（一）开展全国建筑市场和工程质量安全监督执法检查行动

2019年5月和9月，住房和城乡建设部分两批组织开展全国建筑市场和工程质量安全监督执法检查。检查涵盖建筑市场、勘察设计、工程质量、施工安全、建筑节能等多个方面，这是住房和城乡建设部第一次全国范围开展的关于建筑市场和工程质量安全的综合性检查。检查范围为全国30个省、自治区、直辖市（西藏除外），每省（自治区）抽查1个省会（首府）城市或地级市及其1个下辖县（市），直辖市抽查2~3个市辖区（县）。检查对象为检查省、市、县住房和城乡建设主管部门及工程质量安全监督机构相关管理工作，抽查5个建筑工程（其中住宅工程4个、公共建筑工程1个）、4个城市轨道交通工程。住宅工程以安置住房和保障性住房为重点，受检工程施工进度应为主体结构施工阶段。对建筑市场的检查内容包括：贯彻落实建筑市场方面法律法规及规范性文件情况；开展建筑施工违法发包、转包、违法分包、挂靠等违法违规行为监督检查、认定查处情况；开展工程建设领域专业技术人员职业资格"挂证"等违法违规行为专项整治情况；开展建筑工人实名制管理情况；受检工程项目的建筑市场各方主体及其从业人员执行建筑市场方面法律法规及规范性文件情况、各方主体依法依规发（承）包情况；项目经理（注册建造师）在项目现场到岗执业情况、项目现场建筑

工人实名制管理情况等。对工程质量安全的检查内容包括：工程质量安全提升行动和建筑施工安全专项治理行动部署及开展情况，落实工程质量安全手册制度情况；贯彻落实国家工程质量安全法律法规和规范性文件情况，建立健全工程质量安全监督管理制度和工作体系情况，开展工程质量安全监督执法检查情况，工程质量安全事故、质量问题及隐患查处情况，监督机构建设情况，城市轨道交通工程安全风险管理情况等；受检工程企业、项目质量安全保证体系建立情况，执行工程质量安全手册情况，工程实体质量安全情况，建设、勘察、设计、施工、监理、质量检测、施工图审查等有关单位、项目负责人及从业人员执行有关法律法规和工程建设强制性标准、落实质量安全责任情况。自检查开展以来，住房和城乡建设部先后共通报了28起违法违规典型案例。

（二）推行"双随机、一公开"工程质量监督工作机制

2019年2月，国务院印发《关于在市场监管领域全面推行部门联合"双随机、一公开"监管的意见》（国发〔2019〕5号），提出要在市场监管领域健全以"双随机、一公开"监管为基本手段、以重点监管为补充、以信用监管为基础的新型监管机制，为创新建设工程质量安全监督检查模式提供了重要遵循。"双随机、一公开"是指在开展建设工程质量安全监督检查时，采取随机抽取检查对象、随机选派监督检查人员，及时公开检查情况和查处结果的活动，能够有效规范工程质量监管执法行为，提高监管效能，维护公平正义。

> **宁夏回族自治区推动建立全区建筑施工质量安全**
> **监管"双随机、一公开"和重点检查监管工作机制**
>
> 2019年4月，宁夏回族自治区住房和城乡建设厅发布《关于推动建立全区建筑施工质量安全监管"双随机、一公开"和重点检查监管工作机制的通知》，贯彻落实党中央、国务院及自治区政府关于市场监管工作"双随机、一公开"的重要决策部署，坚持依法监管、公正高效、公开透明、协同推进，创新监管方式，加强事中事后监管，规范执法行为，普遍运用随机抽查方式开展建筑施工质

量安全大检查、专项治理、暗访暗查等监管执法活动,进一步解决执法方面存在的问题。

该通知重点强调要完善"双随机"抽查机制:

一是完善内部机构建设。各级住房和城乡建设部门要根据"双随机、一公开"监督工作机制,完善内部管理,明确在办理工程质量安全监督手续、日常监管、专项检查过程中实行"双随机"检查模式,改变一个监督组从开工到竣工对工程项目全程监督负责的方式,设置职责明确、运转高效的内设机构,组织随机组成的监督组对所有受监工程项目开展监督执法检查,从组织上保证"双随机、一公开"监管机制落实。

二是建立监督人员信息库。各级住房城乡建设主管部门可根据本地实际,将各级监督人员信息录入"宁夏建筑市场监管与服务系统"平台监督人员信息库(含建管、质量、安全、造价等监督人员)。根据检查事项,按建筑市场、质量、安全、造价等进行划分,将符合条件的检查人员在"宁夏建筑市场监管与服务系统"平台进行摇号随机抽取。也可采取政府购买服务的方式,按房屋建筑工程、市政基础设施工程、建筑机械工程等专业进行划分,将符合条件的工程技术人员根据需要建立工程质量安全专家信息库,协助开展工程质量安全监督执法工作。自治区级监督部门要打破区域限制,实现人员资源共享,牵头建立区级工程质量安全专家信息库。

三是明确监管人员职责。各级住房城乡建设主管部门可通过"宁夏建筑市场监管与服务系统"平台,随机抽取检查人员和属地房屋建筑和市政基础设施工程项目,然后进行摇号随机分组。检查结束后,检查人员在系统中形成责令整改通知书、记分告知单等执法文书,推送给企业查阅,督促责任主体整改反馈,经监督组现场复查后整个监管过程闭合。

四是编制随机抽查事项清单。依照有关法律、法规、规章和国家标准、行业标准及相关地方标准的强制性条文,严格依据本级部门权力清单和责任清单编制随机抽查事项清单,切实做到一张表格管检查。具体实施随机抽查时，除有特殊要求外，均应当按照随机事项抽查清单制作执法检查方案和检查表。

五是科学、合理确定随机抽查比例和频次。随机抽查比例和频次要切合实际，确保必要的随机抽查覆盖面和工作力度。抽查比例不设上限。暗查暗访一般采用"双随机"抽查的方式。对重点项目每年要实现一次检查覆盖；对列入安全生产"黑名单"的单位每半年要实现一次检查覆盖；对发现存在重大事故隐患的单位，要重点监管，制定专门的工作方案，完善执法检查程序，增加执法检查频次，督促整改治理。

（三）探索"互联网＋"工程质量安全监管模式

城市层面，自2019年2月起，北京市全面应用信息化实施施工安全监管，使用手机端App，可随时随地查询工程概况、人员信息、监督抽查记录，发现施工安全隐患现场取证。上海浦东新区建交委研发工地监管模块，利用各个工地的视频资源和感知设备，对所有房屋建筑和市政工地，进行全流程、全覆盖、全天候的智能实时监管。广州市住房和城乡建设委下发通知，要求从2019年7月1日开始，工地现场检测数据必须实现实时采集、上传至广州市建设工程质量检测监管平台。

项目层面，海尔产城创携手富士康在青岛打造智慧工地示范区，开启建筑工地"互联网＋"安全监管新模式。一是通过在项目施工现场入口安装带有屏幕的闸机来实现从源头上把控进入工地的人员。工人走近时，人脸图像会自动出现在屏幕上，人脸认证成功后，工人才可以通过闸门，未经备案的人员则无法通过认证。该门禁管理系统还能分类分班组统计进出场人员的信息，数据可以同步到管理人员的手机端，管理人员可以随时根据出勤情况安排上岗培训、管理、调配、考核等工作。二是使用UWB技术来通过基站和安全帽对人员进行实时定位。施工现场各个区域内的人员状态、历史分布情况和活动轨迹都可以清晰地呈现在项目监控室的大屏幕上，这一系统还具备移动轨迹查询、一键紧急求助、数据统计分析、电子围栏预警等多种功能。三是构建移动建筑工地管理平台。借助手机 App，管理者可以通过移动互联网与云平台进行连接。这一 App 集成了安全检查、物料管理、实测实量、工序管理、日常巡更等功能，让相关人员随时了解掌握施工现场的真实状态，可以随时随地、高效、及时地发现和解决问题和安全隐患。四是在塔吊上安装 4k 高清全景摄像机的鹰眼系统。该系统具有目标自动跟踪功能，可以快速检测定位进入的人或车，清晰查看 300 米外的人和物，解决了高空工地周围日常监管难的问题，为项目管理人员装上了"千里眼"，实现 360 度全景监控。

六、坚持以人民为中心加强社会监督

完善质量保障体系提升建筑工程品质，要坚持共建共治共享的理念和方法，充分调动社会各界和广大群众的积极性、主动性、创造性，提升质量的社会治理能力。《国务院办公厅转发住房城乡建设部关于完善质量保障体系提升建筑工程品质指导意见的通知》（国办函〔2019〕92号）提出要完善行业约束与惩戒机制，推行建筑工程项目质量信息公开，完善建筑工程质量投诉和纠纷协调处理机制，建立健全建筑工程质量管理、品质提升评价指标体系，以加强行业自律，坚持以人民为中心的思想，支持社会公众合理表达质量诉求，客观衡量工程质量发展水平。

（一）开展住宅工程质量信息公开试点

2020 年 1 月，根据住房和城乡建设部统一部署，山东、湖北、宁夏 3 省（区）开展为期 2 年的住宅工程质量信息公开试点工作。通过开展住宅工程质量信息公示试点，试点内容包括：公示住宅工程施工许可、参建单位及项目负责人、主要建筑材料、实体质量、竣工验收等信息，探索建立住宅工程质量社会监督机制。2020 年 1 月 16 日，襄阳市恒大翡翠华庭楼盘的 10 名业主分别领到一本《住宅质量合格证》，这是湖北省试点新建住宅工程按套出具质量合格证制度后，首次发放《住宅质量合格证》，也是全国首发。银川市质监站于 2019 年在金凤区试点推行建筑质量公示制度，要求企业将建筑开发资质、建筑材料、施工过程等向业主开放。银川市质监站还在全市在建项目也推行二维码源头追溯制度,在材料采买、检测、施工浇筑等环节,要求施工方10分钟内必须上传检测数据,确保施工环节和检测数据准确真实,发现问题通过二维码可以追溯源头。

山东建立健全住宅工程质量社会监督机制
发挥社会舆论和公众监督作用

2020年5月,山东省对加快建立健全住宅工程质量社会监督体系、提高住宅工程质量管理水平、提升住宅工程品质等各项工作作出部署,决定在全省开展住宅工程质量信息公示试点工作。此次试点确定在青岛、潍坊、威海、日照等4市开展,各试点市本级及所辖县(市、区)全部纳入试点范围。试点项目为依法按程序组织建设的住宅工程,主要是房地产开发住宅工程、保障性安居工程。参与试点的工程数占在建总数的30%以上。鼓励未列入省试点的市结合实际积极参与,菜单式选取部分内容推进市级试点。

通过开展住宅工程质量信息公示试点,探索建立健全住宅工程质量社会监督机制,发挥社会舆论和公众监督作用,压实建设单位首要责任、施工单位主体责任、其他各方相关责任,强化工程质量过程管控,完善工程质量保障体系,提升住宅工程品质,提高人民群众满意度、获得感,构建工程质量共建共治共享社会治理格局。公示内容如下:

1.施工许可信息。工程名称、地址、规模、工期等施工许可证信息,也可公示证书编号、二维码以供登录网上项目库查询。

2.参建单位及项目负责人信息。建设、施工及勘察、设计、监理等其他单位名称、统一社会信用代码,参建各单位项目负责人姓名。

3.主要建筑材料信息。钢筋、混凝土、防水材料、保温材料等涉及结构安全和重要使用功能的重点建筑材料检验试验结果。

4.实体质量信息。地基基础、主体结构分部工程质量验收记录,主体结构实体质量检测情况。建设过程中受到主管部门行政处罚和信用惩戒涉及工程质量问题及整改情况。保修期发生工程质量责任事故、反复性群体性工程质量缺陷问题投诉的整修处理情况。优质工程创建情况。

5.竣工验收信息。工程质量分户验收、工程竣工验收、项目综合验收的时间、结论、问题整改等情况。工程竣工验收备案、竣工综合验收备案和消防验收意见（备案）情况。

6.群众和社会关切的其他信息。建设单位工程质量缺陷保修服务制度、服务主体、服务电话，建设单位因故灭失时质量终身责任制承接机制等。

公示内容通过建设单位官方网站、微信公众号等媒介，及时分阶段向社会公示住宅工程质量信息，交房时向业主发放相关文书资料。行政主管部门及其委托的监督机构产生的部分质量信息可通过部门单位门户网站进行公示。

（二）完善建筑工程质量评价体系

2019年1月4日，河南省住房和城乡建设厅印发《河南省工程质量评价体系试点工作实施方案》，决定在郑州、开封、洛阳开展工程质量评价体系试点工作，对以上行政区域内新开工的在建房屋建筑工程和市政基础设施工程，通过工程建设各方责任主体自评、相关方互评、建设主管部门质量监督评价及社会评价等，逐步实现对工程项目施工质量、各方责任主体质量行为，直至区域整体工程质量的量化评价，并与质量诚信体系、考核体系、市场监管体系等挂钩，推动各方责任主体强化质量意识，提升工程质量水平。工程质量评价方式采用政府购买第三方服务或者由建设单位委托第三方评价机构评价。监理单位随工程进度对施工质量进行评价，工程竣工验收合格后15日内，完成建设工程施工质量综合评价。建设主管部门或工程质量监督机构根据工作安排或监督计划开展工程质量监督检查，检查结束后10日内完成质量监督评价。竣工验收合格15日后不再对质量行为进行评价，工程质量获奖或质量投诉评价截止到工程竣工验收合格后两年。

（三）提高行业协会服务能力

行业协会在建筑行业中发挥着桥梁纽带作用，是建设工程质量管理的重要参与力量。2019年，各地建筑行业协会积极提高服务能力，为加强行业自律作出可观贡献。中国施工企业管理协会于2019年3月12日至14日在山东济南举办2019年工程建设质量管理小组活动准则及实务培训会，力求引导广大工程建设企业有效开展质量管理活动，充分运用活动程序和方法，推动工程建设高质量发展。同在3月，江西省赣州市住房和城乡建设局发布《关于进一步加强建筑行业监管工作的通知》，强调要进一步提高行业协会服务能力，积极发挥协会在规范行业秩序、执行行业标准、促进对外交流、加强行业自律、促进行业技术进步、反映企业诉求、提出政策建议等方面的作用，促进行业整体水平不断提高。2019年10月，云南省昆明市建筑业协会联合全市各建筑施工企业以"共创中国质量 建设质量强国"为主题，共同部署开展2019年全国"质量月"建筑工程质量观摩活动。浙江省宁波市建筑业协会于2019年12月24日至25日组织召开全市年度建设工程质量创优培训暨经验交流会，搭建了行业先进工程质量管理模式和标准的交流平台。

第五章　建筑业改革发展形势

随着新一代信息技术和产业革命的到来，受全球气候变化、资源环境约束、熟练技术的劳动力短缺等多方面因素的影响，建筑业作为传统行业也受到了前所未有的冲击，2019年年末的新冠肺炎疫情加速着行业的变革。住房和城乡建设部顺应形势变化，加快推进行业变革，先后联合国务院有关部门就优化营商环境、智能建造与新型建筑工业化协同发展、新型城市基础设施建设对接融合新型基础设施建设等方面陆续出台相应举措。

一、改革深入推进发展环境持续优化

近年来，我国建筑业改革不断向纵深推进，工程建设项目审批制度、招投标制度、优化营商环境、简政放权、工程质量担保与保险、诚信体系建设等改革举措持续深化，为建筑业发展创造了良好的环境。

（一）工程建设组织模式不断完善

工程总承包模式是国际通行的工程建设项目组织实施方式。随着我国市场化进程的不断加快，项目投资方式、项目管理方式正在发生深刻变化，由施工总承包模式向工程总承包模式转型，将打破产业链壁垒，解决设计、采购、施工一体化问题和技术与管理脱节问题。随着《房屋建筑和市政基础设施项目工程总承包管理办法》正式施行，未来改革将逐步走向深入，如浙江省力争到2022年年底工程总承包政策制度和监管体系基本健全；到2025年年底工程总承包市场基本形成。不断推动和规范工程总承包，提升了工程建设质量和效益，尽快实现与国际市场接轨。

随着我国固定资产投资项目建设水平逐步提高，为更好地实现投资建设意图，投资者或建设单位在固定资产投资项目决策、工程建设、项目运营过程中，对综合性、跨阶段、一体化的咨询服务需求日益增强。创新咨询服务组织实施方式，大力发展以市场需求为导向、满足委托方多样化需求的全过程工程咨询服务模式。《关于推进全过程工程咨询服务发展的指导意见》（发改投资规〔2019〕515号）从鼓励发展多种形式全过程工程咨询、重点培育全过程工程咨询模式、优化市场环境、强化保障措施等方面提出一系列政策措施，确保全过程工程咨询服务持续健康发展。

（二）建筑产业工人队伍更加专业化

新时代建筑产业工人队伍建设改革有利于规范建筑市场秩序，加强建筑工人管理，维护建筑工人和建筑业企业合法权益，保障工程质量和安全生产，培育专业型、技能型建筑产业工人队伍，促进建筑业持续健康发展。如新疆维吾尔自治区建设建筑产业工人就业实训基地，利于提升城乡富余劳动力就业技能，打通建筑领域工人培训、实习、就业及职业发展通道。建立健全建筑领域工人技能培训、技能评价和使用相衔接的管理机制，提升建筑工人技能素质，大力培育和壮大建筑产业工人队伍。积极开展院校合作、校企合作，在建筑类专业设置、教育教学大纲、培训内容、实训实习以及师资力量建设、实训设备和实训材料投入等方面，强化实操、加快人才培养，培育出一批组织能力较强、技术水平过硬的带头人。内蒙古自治区推进建筑工人实名制管理工作全覆盖，为建筑业企业账户及资金管理和建筑工人工资支付提供优质高效的服务。

（三）建筑业"放管服"改革持续深化

民营企业改革发展支持政策进一步明确，建设工程企业资质大幅合并压减，企业资质类别得到精简；推行企业资质告知承诺制审批，建筑工程、市政公用工程施工总承包一级资质，以及工程勘察设计、建筑业企业、工程监理企业资质延续均已实行告知承诺制审批；取消对外商投资企业从事工程勘察业务的限制，实施准入前国民待遇加负面清单管理制度；建筑师考试制度将进行改革，建筑师服务模式将与国际接轨，监理工程师、建造师职业资格、注册建造师等个人执业资格管理制度不断完善，强化个人执业资格的改革方向，明晰注册执业人员的权利、义务和责任，加大执业责任追究力度，有序发展个人执业事务所，推动建立个人执业保险制度；工程担保制度进一步完善，有效防范工程建设领域风险。全国建筑市场监管公共服务平台不断完善，信息发布功能得到优化。

二、新型建筑工业化将加速产业转型升级

高质量发展要求和技术创新推动，新型建筑工业化的进程在多领域多部门的协作下，必将取得更快的发展。

（一）技术创新重塑建筑生态系统

与发达国家的绿色发展要求相比，我国建筑业目前还有很大差距和不足。一是高消耗，仅房屋建筑年消耗的水泥玻璃钢材就占了全球总消耗量的40%左右，北方地区供暖单位面积能耗是德国的两倍。二是高排放，仅建筑垃圾年排放就达20多亿吨，为整个城市固体废弃物总量的40%，建筑碳排放更是逐年快速增长。三是低效率，建筑业的机械化信息化智能化程度还不高。四是低品质，总体来看，建筑施工还不够精细，房屋漏水隔音等问题仍很突出。必须加快新型建筑工业化，切实解决存在的问题，推动绿色建筑高质量发展。

建筑业作为全球最大的生态体系，产能却严重落后。随着市场环境的不断变化，技术的进步，现有的建筑生态体系被破坏后再重组，已经成为必然趋势，生产技术的创新和新的工作方法开启了行业的转型。如今，各个行业的赢家都在继续大举投资于技术，其中很多都专注于数字化和数据驱动的产品和服务。今天的建筑生态系统是一个高度复杂、分散的、基于项目的建设过程，需要利用技术创新促进建筑业不断转型，如绿色建筑与互联网融合，运用物联网、云计算、大数据等技术，提高节能、节水、节材的效果，降低温室气体排放。站在新的起点，坚持以人民为中心，推动高质量发展，真正把"绿色"融入建筑全生命周期，使建筑与环境和谐统一，最终造福于人类。

（二）智能建造将引领建筑业转型升级

按照《关于推动智能建造与建筑工业化协同发展的指导意见》要求，以大力发展建筑工业化为载体，以数字化、智能化升级为动力，创新突破相关核心技术，加大智能建造在工程建设各环节应用，形成涵盖科研、设计、生产加工、施工装配、运营等全产业链融合一体的智能建造产业体系。到2025年，我国智能建造与建筑工业化协同发展的政策体系和产业体系基本建立，建筑工业化、数字化、智能化水平显著提高，建筑产业互联网平台初步建立，产业基础、技术装备、科技创新能力以及建筑安全质量水平全面提升，劳动生产率明显提高，能源资源消耗及污染排放大幅下降，环境保护效应显著。推动形成一批智能建造龙头企业，引领并带动广大中小企业向智能建造转型升级，打造"中国建造"升级版。到2035年，我国智能建造与建筑工业化协同发展取得显著进展，企业创新能力大幅提升，产业整体优势明显增强，"中国建造"核心竞争力世界领先，建筑工业化全面实现，迈入智能建造世界强国行列。

（三）新型建筑工业化进程将全面加速

新型建筑工业化是通过新一代信息技术驱动，以工程全寿命周期系统化集成设计、精益化生产施工为主要手段，整合工程全产业链、价值链和创新链，实现工程建设高效益、高质量、低消耗、低排放的建筑工业化。《国务院办公厅关于大力发展装配式建筑的指导意见》（国办发〔2016〕71号）印发实施以来，以装配式建筑为代表的新型建筑工业化快速推进，建造水平和建筑品质明显提高。为全面贯彻新发展理念，推动城乡建设绿色发展和高质量发展，以新型建筑工业化带动建筑业全面转型升级，打造具有国际竞争力的"中国建造"品牌，2020年8月28日，九部委联合发布《住房和城乡建设部等部门关于加快新型建筑工业化发展的若干意见》（建标规〔2020〕8号），提出加强系统化集成设计、优化构件和部品部件生产、推广精益化施工、加快信息技术融合发展、创新组织管理模式、强化科技支撑、加快专业人才培育、开展新型建筑工业化项目评价、加大政策扶持力度。

三、新型基础设施建设不断拓展市场空间

"数据"作为新生产要素，以数字化为代表的新基建将起到构建现代化治理体系的基础支撑作用，新旧基础设施体系互联互通，有利于推进高质量发展。

（一）新基建利于推进高质量发展

党的十九届四中全会将"数据"列为新生产要素，以数字化为代表的新基建将带动治理能力的提升，为构建现代化治理体系提供基础支撑。从长远看，新基建是强基础、利长远的战略性、先导性、全局性工程，近期看有稳增长、调结构、惠民生的内在需求，所以既要着眼长远，又不能脱离国情，要量力而行，以新带旧，将基础设施投资逐步从传统领域转向新兴领域，着力新基建布局，促进新旧基础设施体系互联互通，开放共享，加速整体转型升级，支撑经济社会数字化转型和新旧动能转换，推进高质量发展，打造集约高效、经济适用、智能绿色、安全可靠的现代化基础设施体系。

（二）新基建重点在十大战略方向

自中央提出加快新型基础设施建设以来，新基建相关领域及产业备受各方关注。新基建投资主要来源于国家，从已发行专项债的项目投资结构来看，电子信息、互联网、大数据、新材料、新能源、生物医药、冷链物流等"新基建"项目占比显著提升。尽管新基建投资在固定资产投资中占比仍较低，但具成长性和创新性，对供给侧与需求侧同时发挥渗透、融合、带动作用。新基建的十大战略方向分别为：智能化数字基础设施是主导方向；数字化科技创新基础设施是底层支撑；现代资源能源与交通物流基础设施是国民经济的大动脉；先进材料与智能绿色制造基础设施是制造强国和质量强国之基；现代农业和生物产业基础设施是生物经济之基；现代教育、文旅、体育与卫生健康等基础设施是社会基础设施的主体；生态环境新型环境基础设施是美丽中国建设的基石；空

天海洋新型基础设施是拓展未来发展空间的保障；国家总体安全基础设施是现代化强国的安全基石；国家治理现代化基础设施是实现善治的基础保障。单是5G基站建设，三大电讯运营商2020年计划建55万个，预计带动上下游产业链投资3.5万亿元。

（三）城市交通基础设施市场潜力大

现阶段我国已开通城轨城市的轨道交通线路密度仍然较低，相较于发达国家同等规模城市，仍然有较大开发潜力。根据国际经验，城镇化率达60%之后，以地铁为代表的城市轨道交通迎来爆发性增长，城镇化率达75%~80%后迎来相对饱和期。日本、德国、美国、法国地铁行业迎来大规模的发展时对应的城镇化率分别为63%、72%、73%、73%，而相对稳定发展时期对应的城镇化率分别为83%、73%、80%、76%。随着经济社会的发展，我国城镇化水平不断提升，2019年我国城镇化率达到60.6%，根据国际经验，我国城市轨道交通行业将进入长期高速发展期，市场潜力大。2019年9月，中共中央、国务院印发《交通强国建设纲要》，提出构建便捷顺畅的城市（群）交通网。建设城市群一体化交通网，推进干线铁路、城际铁路、市域（郊）铁路、城市轨道交通融合发展，完善城市群快速公路网络，加强公路与城市道路衔接。尊重城市发展规律，立足促进城市的整体性、系统性、生长性，统筹安排城市功能和用地布局，科学制定和实施城市综合交通体系规划。推进城市公共交通设施建设，强化城市轨道交通与其他交通方式衔接，完善快速路、主次干路、支路级配和结构合理的城市道路网，打通道路微循环，提高道路通达性，完善城市步行和非机动车交通系统，提升步行、自行车等出行品质，完善无障碍设施。科学规划建设城市停车设施，加强充电、加氢、加气和公交站点等设施建设。全面提升城市交通基础设施智能化水平。

四、建筑业企业发展方式转变

面对高质量发展的要求，不同类型企业都需要主动转变发展方式。勘察设计类企业加快BIM普及应用，实现勘察设计技术升级。施工类企业可推进管理信息系统升级换代，推动基于移动通讯、互联网的施工阶段多参与方协同工作系统的应用，实现企业与项目其他参与方的信息沟通和数据共享，注重推进企业知识管理信息系统、商业智能和决策支持系统的应用，有条件的企业应探索大数据技术的集成应用，支撑智慧企业建设。工程总承包类企业可进一步优化工程总承包项目信息化管理，提升集成应用水平。利用新技术提升并深化应用项目管理信息系统，实现设计管理、采购管理、施工管理、企业管理等信息系统的集成及应用。

（一）高质量成为建筑业企业的口碑基石

伴随着国家高质量发展战略的稳步推进，高质量已经成为企业树立口碑的基石，中国建筑业企业正在海内外为实现更加美好人居环境提供"中国方案"与"中国智慧"，用"中国建造"体现大国担当。中国建筑业协会认证中心基于25年来服务行业企业的先进经验，通过专业的流程和多维度的标准筛选出一批25年来致力于推动行业高质量发展的"质量管理优秀企业""质量管理卓越领导者"和"质量管理先进个人"。如湖南建工集团有限公司获评2019年度"质量管理优秀企业"殊荣，集团党员委员、副总经理陈浩荣获"质量管理卓越领导者"称号。多年来，集团专注于为市场提供"一流、超越、精作、奉献"的施工全产业链服务，在确保质量、环境与职业健康安全管理体系认证符合国际、国家现行标准要求且运行有效、实施精准的基础上，不断在创新改进等方面下功夫，有力推进管理体系升级整合，促进质量管理持续深入，为集团高质量发展筑牢根基。

（二）建筑业企业需更加注重创新

技术创新有绿色建造、智能化建造和数字化建造三个方向，建筑业企业管理创新有精细化、标准化和信息化管理三个方向，具体项目管理通常有设计施工总承包和全过程多维管理两种模式。建筑施工企业要加快从传统的按图施工的承建商向综合建设服务商转变，不仅要提供产品，更要做好服务，不断关注客户的需求和用户体验，并将安全性、功能性、舒适性以及美观性的客户需求和个性化的用户体验贯穿在施工建造的全过程。在"一带一路"沿线的国家，包括外商投资的项目采用设计施工总承包模式的情况较多，特点是设计必须处于主导地位，建筑业企业要积极研究世界一流的先进技术、先进管理，紧盯国际高端市场，承揽当地市场上具有重大影响力、标志性项目，打造世界一流的"中国建造""中国品牌"。

（三）使用人监督机制将倒逼建筑业企业提供高品质住宅

按照住房和城建设部等7部门《关于印发绿色建筑创建行动方案的通知》（建标〔2020〕65号）、住房和城乡建设部《关于加快新型建筑工业化发展的若干意见》（建标规〔2020〕8号）要求，起草"关于建立绿色住宅使用者监督机制的通知"，探索工程质量可控的路径和方法，保障使用者权益，鼓励将住宅绿色性能和全装修质量相关指标纳入商品房买卖合同、住宅质量保证书和住宅使用说明书，明确质量保修责任和纠纷处理方式，保障购房人权益。如2020年8月31日，最新版《宁波市住宅设计实施细则》公布，并于2020年9月1日起正式实施。"如果购置的新房，是按照《细则》标准执行的，房子交付时，业主就可以把这份《细则》当作'验房宝典'去验收。"宁波市住房和城乡建设局有关负责人介绍，其中多项设计标准国内领先。《细则》适用于宁波城镇新建、改建及扩建住宅的设计，从住宅朝向、层高、采光、套型，到外墙和屋顶的防漏、门窗的隔音降噪、小区道路的沉降，再到阳台、楼梯、电梯该以什么样的标准设置，放空调外机的室外搁板怎么架设，屋内至少设置几个插座等都给予了详细说明。针对近年个别小区道路沉降问题，该《细则》参照公路工程的沉降量控制，对影响小区道路沉降的一些关键指标提出了控制要求。此次修订是国内首次对住宅小区道路的沉降量进行严格要求，对宁波的软土地基地区有很强的针对性和适用性。

（四）建筑业企业要更好利用国内国际两个市场

从世界大势看，经济全球化仍是历史潮流，各国分工合作、互利共赢是长期趋势。推动形成以国内大循环为主体、国内国际双循环相互促进的新发展格局，目的是通过发挥内需潜力，使国内市场和国际市场更好联通，更好利用国际国内两个市场、两种资源，实现更加强劲可持续的发展。落实在"一带一路"倡议，建筑业需要持续发挥重要作用。如印度尼西亚雅万高铁项目是"一带一路"倡议与印尼海洋支点战略对接的重大战略项目，是新时代中印尼两国合作最大的基础设施重点项目，也是境外第一条采用中国高铁技术标准合作建设和管理的时速 350 公里高速铁路和海上丝绸之路互联互通的重点项目，预计通车时间 2021 年。与此同时，主要发达国家相继发布了面向新一轮科技革命的国家战略，如美国制定了《基础设施重建战略规划》、英国制定了《建造 2025》战略、日本实施了建设工地生产力革命战略等。与发达国家智能建造技术相比，我国还存在不小差距，迫切需要将推动智能建造与建筑工业化协同发展作为抢占建筑业未来科技发展高地的战略选择，通过推动建筑工业化、数字化、智能化升级，打造"中国建造"升级版，提升企业核心竞争力，迈入智能建造世界强国行列。

附录1　2019—2020年建筑业最新政策法规概览

1.2019年12月30日,《保障农民工工资支付条例》(中华人民共和国国务院令　第724号)公布。本条例自2020年5月1日起施行。《条例》共六十四条,其中第二十三到第三十七条为第四章对工程建设领域特别规定。第二十四条规定:建设单位应当向施工单位提供工程款支付担保。建设单位与施工总承包单位依法订立书面工程施工合同,应当约定工程款计量周期、工程款进度结算办法以及人工费用拨付周期,并按照保障农民工工资按时足额支付的要求约定人工费用。人工费用拨付周期不得超过1个月。第二十六条规定:施工总承包单位应当按照有关规定开设农民工工资专用账户,专项用于支付该工程建设项目农民工工资。开设、使用农民工工资专用账户有关资料应当由施工总承包单位妥善保存备查。第二十七条规定:金融机构应当优化农民工工资专用账户开设服务流程,做好农民工工资专用账户的日常管理工作;发现资金未按约定拨付等情况的,及时通知施工总承包单位,由施工总承包单位报告人力资源社会保障行政部门和相关行业工程建设主管部门,并纳入欠薪预警系统。工程完工且未拖欠农民工工资的,施工总承包单位公示30日后,可以申请注销农民工工资专用账户,账户内余额归施工总承包单位所有。第三十二条规定:施工总承包单位应当按照有关规定存储工资保证金,专项用于支付为所承包工程提供劳动的农民工被拖欠的工资。

2.2019年9月15日,《国务院办公厅转发住房城乡建设部关于完善质量保障体系提升建筑工程品质指导意见的通知》(国办函〔2019〕92号)下发,《指导意见》指出,以供给侧结构性改革为主线,以建筑工程质量问题为切入点,着力破除体制机制障碍,逐步完善质量保障体系,不断提高工程质量抽查符合率和群众满意度,进一步提升建筑工程品质总体水平。《指导意见》明确了强化各方责任、完善管理体制、健全支撑体系、加强监督管理四方面主要举措，一是强化各方责任。突出建设单位首要责任，落实施工单位主体责任，明确房屋使用安全主体责任，履行政府的工程质量监管责任。二是完善管理体制。改革工程建设组织模式，完善招标人决策机制，推行工程担保与保险，加强工程设计建造管理，推行绿色建造方式，支持既有建筑合理保留利用。三是健全支撑体系。完善工程建设标准体系，加强建材质量管理，提升科技创新能力，强化从业人员管理。四是加强监督管理。推进信用信息平台建设，严格监管执法，加强社会监督，强化督促指导。

3.2019年9月6日，《住房和城乡建设部关于废止部分规章的决定》（中华人民共和国住房和城乡建设部令第48号）发布，《决定》规定，废止《燃气燃烧器具安装维修管理规定》（建设部令第73号），《决定》自公布之日起施行。

4.2020年1月17日，"住房和城乡建设部、商务部关于废止《外商投资建筑业企业管理规定》等规章的决定"（中华人民共和国住房和城乡建设部 中华人民共和国商务部令第49号）发布，《决定》规定，废止《外商投资建筑业企业管理规定》（建设部 对外贸易经济合作部令第113号）、《〈外商投资建筑业企业管理规定〉的补充规定》（建设部 商务部令第121号），《决定》自公布之日起施行。

5.2020年2月19日，"住房和城乡建设部关于修改《工程造价咨询企业管理办法》《注册造价工程师管理办法》的决定"（中华人民共和国住房和城乡建设部令第50号）发布，《决定》规定，对《工程造价咨询企业管理办法》（建设部令第149号，根据住房和城乡建设部令第24号、住房和城乡建设部令第32号修正）进行了详细修改，如删去第九条第二项。第九条第三项改为第二项，其中的"造价工程师"修改为"一级造价工程师"等。删去第十条第一项。第十条第二项改为第一项，其中的"造价工程师"修改为"一级造价工程师"。第三十九条修改为："造价工程师职业资格考试工作按照国务院人力资源社会保障主管部门的有关规定执行。"等，此外，对相关条文序号作相应调整，决定自公布之日起施行，以上2部部门规章根据本决定作相应的修正，重新公布。

6.2019 年 3 月 13 日,《住房和城乡建设部办公厅关于深入开展建筑施工安全专项治理行动的通知》(建办质〔2019〕18 号)下发。《通知》要求,认真贯彻落实习近平总书记关于安全生产的重要论述精神,稳中求进、改革创新、担当作为,持续促进建筑施工企业安全管理能力提升,不断提高安全监管信息化、标准化、规范化水平,进一步降低事故总量,坚决遏制重特大事故发生,推动全国建筑施工安全形势稳定好转,为住房和城乡建设事业高质量发展做出应有贡献,以优异成绩迎接新中国成立 70 周年。《通知》明确着力防范重大安全风险、加大事故查处问责力度、改革完善安全监管制度、提升安全综合治理能力 4 项主要工作任务。

7.2019 年 4 月 28 日,《住房和城乡建设部办公厅关于印发城市轨道交通工程创新技术指南的通知》(建办质函〔2019〕274 号)下发。《通知》要求,发挥创新引领作用,结合实际做好推广应用工作。《城市轨道交通工程创新技术指南》由住房和城乡建设部工程质量安全监管司组织我国内地城市轨道交通行业百余位专家,征集、遴选近 10 年来城市轨道交通行业的近百项新技术编制而成。收录的新技术分为十个类别,包括:明挖法;矿山法;盾构法;防水;地下水控制;穿越工程;设备安装与联调联试;勘测与监测、检测;绿色建造;信息化施工与管理。指南从 5 个方面介绍,分别为:技术产生背景、技术内容、主要技术性能和技术特点、适用范围及应用条件、已应用情况。

8.2019 年 5 月 13 日,住房和城乡建设部关于印发《全国工程勘察设计大师评选与管理办法》(建质规〔2019〕4 号)。《评选与管理办法》规定,全国工程勘察设计大师是工程勘察设计行业的最高荣誉称号。全国工程勘察设计大师每两年评选一次,每次评选名额一般不超过 35 名。具体评选名额和分配根据相关领域科技进步水平、技术力量、产业规模和申报情况确定。当评选周期因故延长时,可适当增加评选名额。申报人应经推荐单位或不少于 2 位推荐人书面推荐。全国工程勘察设计大师评选分为专业组初评和综合评选 2 个阶段。全国工程勘察设计大师应积极参加以下三项工作:国家和行业组织的学术交流和人才培养;行业法规制度建设、国家工程建设标准制定和政府决策咨询;相关技术性检查、事故处理、抗灾救灾等。年满80周岁的全国工程勘察设计大师成为资深全国工程勘察设计大师。资深全国工程勘察设计大师不再参加对申报人的评选。《评选与管理办法》自印发之日起施行。原《全国工程勘察设计大师评选与管理办法》(建质函〔2015〕282号)同时废止。

9.2019年5月17日,《住房和城乡建设部办公厅关于开展第九批全国工程勘察设计大师评选工作的通知》(建办质函〔2019〕313号)下发,决定于2019年6月启动第九批全国工程勘察设计大师评选工作。评选范围分三类：一是工程勘察：包括岩土工程、水文地质、工程测量。二是工程设计：包括煤炭、化工石化医药(含石化、化工、医药)、石油天然气(海洋石油)、电力(含火电、水电、核电、新能源)、冶金(含冶金、有色、黄金)、军工(含航天、航空、兵器、船舶)、机械、商物粮(含商业、物资、粮食)、核工业、电子通信广电(含电子、通信、广播电影电视)、轻纺(含轻工、纺织)、建材、铁道、公路、水运、民航、市政、农林(含农业、林业)、水利、海洋、建筑(含建筑、人防)。三是规划设计：包括城乡建设规划、城市设计、城市基础设施规划与设计、风景园林设计。

10.2019年6月18日,《住房和城乡建设部办公厅关于建筑施工企业安全生产许可证等证书电子化的意见》(建办质函〔2019〕375号)下发。《意见》指出,按照《中华人民共和国安全生产法》《安全生产许可证条例》等法律法规的规定,省级住房和城乡建设主管部门负责本行政区域内建筑施工企业安全生产许可证、"安管人员"安全生产考核合格证书、建筑施工特种作业人员操作资格证书的颁发和管理工作。各省级住房和城乡建设主管部门可根据工作需要,对相关证书实行电子化管理作出明确规定,其他地区住房和城乡建设主管部门对依法核发的电子证书应予认可。

11.2019年7月3日,《住房和城乡建设部工程质量安全监管司关于请协助组织第九批全国工程勘察设计大师申报工作的函》(建质技函〔2019〕33号)下发。文件要求省级住房和城乡建设主管部门通知申报人及所在单位登录第九批全国工程勘察设计大师申报和评选系统(ht-tp：//sgaq.mohurd.gov.cn/dspx)进行申报和审核工作,省级住房和城乡建设主管部门对提交的申报信息真实性、完整性进行审核，上网公示申报人基本信息（公示期不少于 10 个工作日），并通过系统上报，截止时间为 2019 年 8 月 31 日。

12. 2019 年 7 月 4 日，《市场监管总局办公厅 住房和城乡建设部办公厅 应急管理部办公厅 关于进一步加强安全帽等特种劳动防护用品监督管理工作的通知》（市监质监〔2019〕35 号）下发。《通知》要求，坚持源头防范、系统治理、依法监管的原则，在生产、销售、使用环节加强特种劳动防护用品监管，确保劳动者人身安全和企业生产安全，为决胜全面建成小康社会创造良好环境。《通知》明确，一是加强生产流通领域质量安全监管，全面落实企业主体责任；强化产品质量监督抽查；严厉打击质量违法行为。二是加强使用环节监督管理，加强采购进场监管；加强现场使用监管；加强日常检查管理。三是构建监管长效机制，实施失信企业联合惩戒；实施质量安全手册制度；加强劳动防护知识普及；加强质量监管信息联动。

13. 2019 年 9 月 16 日，《住房和城乡建设部关于取消部分部门规章和规范性文件设定的证明事项的决定》（建法规〔2019〕6 号）发布，取消 36 项部门规章设定的证明事项和 25 项规范性文件设定的证明事项。其中涉及建筑业的有：取消依据《建筑业企业资质管理规定》（住房和城乡建设部令第 22 号，根据住房和城乡建设部令第 32 号、第 45 号修正）设定的在公众媒体刊登遗失声明的证明事项，用于建筑业企业资质证书遗失补办，取消后的办理方式为：申请人不再提交，由申请人告知资质许可机关，由资质许可机关在官网发布信息。取消依据《工程造价咨询企业管理办法》（建设部令第 149 号，根据住房和城乡建设部令第 24 号、32 号修正）设定的三项证明事项等，相关证明事项自公布之日起取消。

14. 2019 年 9 月 23 日，"住房和城乡建设部关于印发《规范住房和城乡建设部工程建设行政处罚裁量权实施办法》和《住房和城乡建设部工程建设行政处罚裁量基准》的通知"（建法规〔2019〕7 号）下发。《住房和城乡建设部工程建设行政处罚裁量基准》规定了勘察企业、设计企业、建筑业企业、监理企业和注册执业人员五方面的违法行为、处罚依据、违法情节和后果以及处罚标准。基准关于安全事故等级认定的依据为《生产安全事故报告和调查处理条例》；关于质量事故等级认定的依据为《关于做好房屋建筑和市政基础设施工程质量事故报告和调查处理工作的通知》（建质〔2010〕111号）；关于工程质量缺陷规定的依据为《建筑工程施工质量验收统一标准》GB 50300—2013。

15.2019年11月20日，《住房和城乡建设部 应急管理部关于加强建筑施工安全事故责任企业人员处罚的意见》（建质规〔2019〕9号）发布。《意见》对事故责任企业人员处罚的各重点领域，提出了五个方面主要举措。一是推行安全生产承诺制。建筑施工企业必须遵守安全生产法律、法规，建立、健全安全生产责任制和安全生产规章制度，企业法定代表人和项目负责人应当分别代表企业和项目向社会公开承诺。同时，《意见》对承诺内容作出规定。二是吊销责任人员从业资格。对建筑施工企业有关责任人员，依法暂停或撤销其与安全生产相关执业资格、岗位证书，并依法实施职业禁入。对负有事故责任的勘察、设计、监理等单位有关注册执业人员，依法责令停止执业直至吊销相关注册证书，不准从事相关建筑活动。三是依法加大责任人员问责力度。对没有履行安全生产职责、造成事故特别是较大及以上生产安全事故发生的企业责任人员，严格按照《建设工程安全生产管理条例》和地方政府事故调查结论进行处罚。对发现负有监管职责的工作人员有滥用职权、玩忽职守、徇私舞弊行为的，依法给予处分。四是依法强化责任人员刑事责任追究。对建筑施工企业有关人员涉嫌犯罪的，及时将有关材料或者其复印件移交有管辖权的公安机关依法处理。积极配合司法机关依照刑法有关规定对负有重大责任、构成犯罪的企业有关人员追究刑事责任。五是强化责任人员失信惩戒。积极推进建筑施工领域安全生产诚信体系建设，依托各相关领域信用信息共享平台，建立完善建筑施工领域安全生产不良信用记录和诚信"黑名单"制度。进一步加强联合失信惩戒。

16.2019年12月19日，《住房和城乡建设部关于进一步加强房屋建筑和市政基础设施工程招标投标监管的指导意见》（建市规〔2019〕11号）下发。《指导意见》从四个方面对加强房屋建筑和市政基础设施工程招标投标监管提出了具体措施。一是夯实招标投标活动中各方主体责任，明确工程招标投标活动依法应由招标人负责，党员干部严禁利用职权或者职务上的影响干预招标投标活动；政府投资工程鼓励集中建设管理方式，采用组建集中建设机构或竞争选择企业实行代建的模式。二是优化招标投标方法，缩小招标范围，政府投资工程鼓励采用全过程工程咨询、工程总承包方式，减少招标投标层级；探索推进评定分离方法，招标人应科学制定评标定标方法，组建评标委员会，评标委员会向招标人推荐合格的中标候选人，由招标人择优确定中标人；全面推行招标投标交易全过程电子化；推动市场形成价格机制，实施工程造价供给侧结构性改革，招标人不得将未完成审计作为延期工程结算、拖欠工程款的理由。三是加强招标投标过程监管，加大招标投标事中事后的查处力度，严厉打击串通投标、弄虚作假等违法违规行为，对围标串标等情节严重的，应纳入失信联合惩戒范围，直至清出市场；加强评标专家监管，建立评标专家考核和退出机制；强化招标代理机构市场行为监管，实行招标代理机构年度信息自愿报送、年度业绩公示制度以及"黑名单"制度，构建守信激励、失信惩戒机制；强化合同履约监管，加强建筑市场和施工现场"两场"联动，将履约行为纳入信用评价。四是优化招标投标市场环境，加快推行工程担保制度，推行银行保函制度；加大信息公开力度，公开招标的项目信息，接受社会公众的监督；完善建筑市场信用评价机制，推动建筑市场信用评价结果在招标投标活动中的规范应用；畅通投诉渠道，规范投诉行为，建立健全公平、高效的投诉处理机制。

17. 2019年12月23日，《住房和城乡建设部 国家发展改革委关于印发房屋建筑和市政基础设施项目工程总承包管理办法的通知》（建市规〔2019〕12号）下发。此办法从2020年3月1日起施行。《办法》包括总则、发包和承包、项目实施、附则四章，共有二十八条。主要明确了工程总承包范围、工程总承包项目发包和承包的要求、工程总承包单位的条件、工程总承包项目实施要求和工程总承包单位的责任。本办法所称工程总承包，是指承包单位按照与建设单位签订的合同，对工程设计、采购、施工或设计、施工等阶段实行总承包，并对工程的质量、安全、工期和造价等全面负责的工程建设组织实施方式。建设单位应根据项目情况和自身管理能力等，合理选择工程建设组织实施方式。建设内容明确、技术方案成熟的项目，适宜采用工程总承包方式。建设单位依法采用招标或者直接发包等方式选择工程总承包单位。工程总承包项目范围设计、采购或者施工中，有任一项属于依法必须进行招标的项目范围且达到国家规定规模标准的，应当采用招标的方式选择工程总承包单位。工程总承包单位应当同时具有工程规模相适应的工程设计资质和施工资质，或者由具有相应资质的设计单位和施工单位组成联合体。工程总承包单位应具有相应的项目管理体系和项目管理能力、财务和风险承担能力，以及与发包工程相类似的设计、施工或者工程总承包业绩。建设单位和工程总承包单位应当加强风险管理，合理分担风险。鼓励建设单位和工程总承包单位运用保险手段增强防范风险能力。工程总承包单位可以采用直接发包的方式进行分包。工程总承包单位应当对其承包的全部建设工程质量负责，分包单位对其分包工程的质量负责，分包不免除工程总承包单位对其承包的全部建设工程所负的质量责任。工程总承包单位、工程总承包项目经理依法承担质量终身责任。工程总承包单位应当依据合同对工期全面负责，对项目总进度和各阶段的进度进行控制管理，确保工程按期竣工。

18.2019 年 12 月 31 日，《住房和城乡建设部办公厅关于开展住宅工程质量信息公示试点的通知》（建办质函〔2019〕757 号）下发，决定在山东省、湖北省、宁夏回族自治区开展住宅工程质量信息公示试点。《通知》指出，试点目的是通过开展住宅工程质量信息公示试点，进一步完善住宅工程质量保障体系，压实建设单位首要质量责任和施工等单位主体质量责任，督促各参建主体规范建设行为、履行质量承诺，大力提升住宅工程品质，不断增强人民群众获得感、幸福感、安全感。试点自 2020 年 1 月开始，为期 2 年。试点内容包括公示住宅工程施工许可、参建单位及项目负责人、主要建筑材料、实体质量、竣工验收等信息，探索建立住宅工程质量社会监督机制。

19.2020 年 1 月 16 日，《住房和城乡建设部关于修改建筑业企业资质管理规定和资质标准实施意见的通知》（建市规〔2020〕1 号）下发。《通知》明确，根据《内地与香港关于建立更紧密经贸关系的安排》，对

《建筑业企业资质管理规定和资质标准实施意见》(建市〔2015〕20号)予以修改,在第一条"资质申请和许可程序"中增加第(十三)款:"香港服务提供者和澳门服务提供者申请设立建筑业企业时,其在香港、澳门和内地的业绩可共同作为评定其在内地设立的建筑业企业资质的依据。管理和技术人员数量应以其在内地设立的建筑业企业的实际人员数量为资质评定依据"。

20. 2020年2月8日,中华人民共和国国家卫生健康委员会办公厅、中华人民共和国住房和城乡建设部办公厅《关于印发新型冠状病毒肺炎应急救治设施设计导则(试行)的通知》(国卫办规划函〔2020〕111号)下发。《通知》要求,各地结合工作实际,做好统筹规划,精准调配医疗资源,调整现有医疗设施功能,通过院区功能调整、设施改造等多种方式,全力保障疫情救治需要。

21. 2020年2月19日,《住房和城乡建设部关于修改〈工造价咨询企业管理办法〉〈注册造价工程师管理办法〉的决定》(住房和城乡建设部令第50号)发布。降低工程造价咨询企业资质标准要求;压减注册造价师及相关人员人数要求;删除了"企业出资人中,注册造价工程师人数不低于出资人总人数的60%,且其出资额不低于企业认缴出资总额的60%"的规定;取消工程造价咨询企业设立分支机构的有关规定。

22. 2020年2月28日,《住房和城乡建设部 交通运输部 水利部 人力资源社会保障部关于印发〈监理工程师职业资格制度规定〉〈监理工程师职业资格考试实施办法〉的通知》(建人规〔2020〕3号)公布。《监理工程师职业资格制度规定》的第三条规定:国家设置监理工程师准入类职业资格,纳入国家职业资格目录。凡从事工程监理活动的单位,应当配备监理工程师。监理工程师英文译为 Supervising Engineer。第四条规定:住房和城乡建设部、交通运输部、水利部、人力资源社会保障部共同制定监理工程师职业资格制度,并按照职责分工分别负责监理工程师职业资格制度的实施与监管。第五条规定:监理工程师职业资格考试全国统一大纲、统一命题、统一组织。第六条规定:监理工程师职业资格考试设置基础科目和专业科目。第十五条规定:经批准注册的申请人,由住房和城乡建设部、交通运输部、水利部分别核发《中华人民共和国监理工程师注册证》（或电子证书）。第二十六条规定：专业技术人员取得监理工程师职业资格，可认定其具备工程师职称，并可作为申报高一级职称的条件。《监理工程师职业资格考试实施办法》第四条规定：监理工程师职业资格考试分4个半天进行。第五条规定：监理工程师职业资格考试成绩实行4年为一个周期的滚动管理办法，在连续的4个考试年度内通过全部考试科目，方可取得监理工程师职业资格证书。第九条规定：考点原则上设在直辖市、自治区首府和省会城市的大、中专院校或者高考定点学校。监理工程师职业资格考试原则上每年一次。

23.2020年4月21日，《住房和城乡建设部办公厅关于实行工程造价咨询甲级资质审批告知承诺制的通知》（建办标〔2020〕18号）印发。自5月1日起，对工程造价咨询乙级资质晋升甲级资质和工程造价咨询甲级资质延续实施告知承诺制审批，依据企业书面承诺，直接办理审批手续。简化审批流程及相关证明材料，核查环节后置，加强事中事后监管。

24.2020年4月28日，《住房和城乡建设部办公厅关于取得内地勘察设计注册工程师、注册监理工程师资格的香港、澳门专业人士注册执业有关事项的通知》（建办市〔2020〕19号）公布。自6月1日起，取得内地勘察设计注册工程师（二级注册结构工程师除外）、注册监理工程师资格的香港、澳门专业人士，可通过注册管理信息系统向住房和城乡建设部申请注册；取得内地二级注册结构工程师资格的香港、澳门专业人士申请在内地注册的，由各省、自治区、直辖市住房和城乡建设主管部门办理；对于已启动执业的专业，在内地注册的香港、澳门专业人士的执业要求与同专业内地注册人员一致。

25.2020年5月26日，《住房和城乡建设部建筑市场监管司关于公布全国监理工程师职业资格考试基础科目和土木建筑工程专业科目大纲的通知》（建司局函市〔2020〕113号）公布。大纲根据《住房和城乡建设部 交通运输部 水利部 人力资源社会保障部关于印发〈监理工程师职业资格制度规定〉〈监理工程师职业资格考试实施办法〉的通知》（建人规〔2020〕3号），会同有关部门编制而成，经人力资源社会保障部审定，于 2020 年启用。大纲分为四个科目：基础科目 1 为建设工程监理基本理论和相关法规、基础科目 2 为建设工程合同管理、土木建筑工程专业科目 1 为建设工程目标控制、土木建筑工程专业科目 2 为建设工程监理案例分析。

26. 2020 年 6 月 11 日，《住房和城乡建设部办公厅关于全面推行建筑工程施工许可证电子证照的通知》（建办市〔2020〕25 号）下发。《通知》要求，自 2021 年 1 月 1 日起，全国范围内的房屋建筑和市政基础设施工程项目全面实行施工许可电子证照。电子证照与纸质证照具有同等法律效力。地方施工许可发证机关要按照国务院办公厅电子政务办公室发布的《全国一体化在线政务服务平台电子证照-建筑工程施工许可证》（C0217—2019），和住房和城乡建设部制定的《建筑工程施工许可证电子证照业务规程》要求，依托地方政务服务平台、工程建设项目审批管理系统或施工许可审批系统，完善相关信息功能，建立施工许可电子证照的制作、签发和信息归集业务流程，规范数据信息内容和证书样式，完善证书编号、二维码等编码规则，形成全国统一的电子证照版式。地方施工许可发证机关应在发证后 5 个工作日内，将电子证照文件（含电子印章）及业务信息上传至省级建筑市场监管一体化工作平台。省级建筑市场监管一体化工作平台每个工作日应对本行政区域内的信息进行汇总，并通过部省数据对接机制上传至全国建筑市场监管公共服务平台。公共服务平台进行归集和存档，并按要求向国家政务服务平台报送。公共服务平台及微信小程序向社会公众提供施工许可电子证照信息公开查询以及二维码扫描验证服务，并向各省级住房和城乡建设主管部门实时共享施工许可电子证照信息，实现施工许可电子证照跨地区的互联互通。地方各级住房和城乡建设主管部门应在相关办事场景中持续推进电子证照应用，通过相关政务服务系统的数据共享和业务协调，推动实现政务服务事项"一网通办"。

27. 2020 年 6 月 12 日，《住房和城乡建设部办公厅关于开展工程建设行业专项整治的通知》（建办市函〔2020〕298 号）下发。《通知》要求，聚焦房屋建筑和市政基础设施工程建设领域恶意竞标、强揽工程、转包、违法分包、贪污腐败等突出问题，开展专项整治，强化源头治理，构建长效常治的制度机制，营造良好的建筑市场秩序，促进建筑业高质量发展。专项整治自2020年6月开始，为期4个月，分3个阶段推进：方案制定（2020年6月）、组织实施（2020年7月—8月）、总结巩固（2020年9月）。深入稳步推进中，要求把"三书一函"作为专项整治的切入口，重点从本地区破获的涉黑涉恶案件入手，深入剖析黑恶势力滋生蔓延原因，及时发现前端治理中的问题。要按照"双随机、一公开"原则，通过现场巡查、档案抽查、专项检查等多种方式，加强对招标投标活动的日常监管，及时查找和填补监管漏洞。要加强对评标专家和招标代理机构的监管，引导和督促其依法依规履职。对查实的违法违规行为，应当依法依规从严作出行政处罚，对情节严重的，应当记入信用档案，开展信用惩戒，直至清出市场。对本地区的突出问题，应当集中力量攻坚克难，确保整治工作取得实效，最大限度挤压黑恶势力滋生空间。

28. 2020年7月3日，《住房和城乡建设部等部门关于推动智能建造与建筑工业化协同发展的指导意见》（建市〔2020〕60号）公布。《意见》指出，到2025年，我国智能建造与建筑工业化协同发展的政策体系和产业体系基本建立，建筑工业化、数字化、智能化水平显著提高，建筑产业互联网平台初步建立，产业基础、技术装备、科技创新能力以及建筑安全质量水平全面提升，劳动生产率明显提高，能源资源消耗及污染排放大幅下降，环境保护效应显著。推动形成一批智能建造龙头企业，引领并带动广大中小企业向智能建造转型升级，打造"中国建造"升级版。到2035年，我国智能建造与建筑工业化协同发展取得显著进展，企业创新能力大幅提升，产业整体优势明显增强，"中国建造"核心竞争力世界领先，建筑工业化全面实现，迈入智能建造世界强国行列。重点任务包括加快建筑工业化升级、加强技术创新、提升信息化水平、培育产业体系、积极推行绿色建造、开放拓展应用场景、创新行业监管与服务模式。

29. 2020年7月24日，《住房和城乡建设部办公厅关于印发工程造价改革工作方案的通知》（建办标〔2020〕38号）发布。在全国房地产开发项目，以及北京市、浙江省、湖北省、广东省、广西壮族自治区有条件的国有资金投资的房屋建筑、市政公用工程项目进行工程造价改革试点。《工作方案》坚持市场在资源配置中起决定性作用,正确处理政府与市场的关系,通过改进工程计量和计价规则、完善工程计价依据发布机制、加强工程造价数据积累、强化建设单位造价管控责任、严格施工合同履约管理等措施,推行清单计量、市场询价、自主报价、竞争定价的工程计价方式,进一步完善工程造价市场形成机制。

30. 2020年8月28日,九部委联合发布《住房和城乡建设部等部门关于加快新型建筑工业化发展的若干意见》(建标规〔2020〕8号)。《意见》指出,加强系统化集成设计,推动全产业链协同,促进多专业协同,推进标准化设计,强化设计方案技术论证;优化构件和部品部件生产,推动构件和部件标准化,完善集成化建筑部品,促进产能供需平衡,推进构件和部品部件认证工作,推广应用绿色建材;推广精益化施工,大力发展钢结构建筑,推广装配式混凝土建筑,推进建筑全装修,优化施工工艺工法,创新施工组织方式,提高施工质量和效益;加快信息技术融合发展,大力推广建筑信息模型(BIM)技术,加快应用大数据技术,推广应用物联网技术,推进发展智能建造技术;创新组织管理模式,大力推行工程总承包,发展全过程工程咨询,完善预制构件监管,探索工程保险制度,建立使用者监督机制;强化科技支撑,培育科技创新基地,加大科技研发力度,推动科技成果转化;加快专业人才培育,培育专业技术管理人才,培育技能型产业工人,加大后备人才培养;开展新型建筑工业化项目评价,制定评价标准,建立评价结果应用机制;加大政策扶持力度,强化项目落地,加大金融扶持,加大环保政策支持,加强科技推广支持,加大评奖评优政策支持。

附录2 2019年批准发布的国家标准和行业标准

2019年批准发布的国家标准　　　　　　　　　　　表1

序号	标准名称	公告号	标准号
1	近零能耗建筑技术标准	2019第22号	GB/T 51350—2019
2	林产加工工业职业安全卫生设计标准	2019第23号	GB/T 51349—2019
3	灾区过渡安置点防火标准	2019第24号	GB 51324—2019
4	建筑边坡工程施工质量验收标准	2019第25号	GB/T 51351—2019
5	既有混凝土结构耐久性评定标准	2019第28号	GB/T 51355—2019
6	岩土工程勘察安全标准	2019第29号	GB/T 50585—2019
7	城市地下综合管廊运行维护及安全技术标准	2019第31号	GB 51354—2019
8	加油站在役油罐防渗漏改造工程技术标准	2019第32号	GB/T 51344—2019
9	平板玻璃工厂节能设计标准	2019第34号	GB/T 50527—2019
10	水泥工厂环境保护设施设计标准	2019第35号	GB/T 50558—2019
11	建筑卫生陶瓷工厂节能设计标准	2019第36号	GB/T 50543—2019
12	海上风力发电场设计标准	2019第37号	GB/T 51308—2019
13	火力发电厂与变电站设计防火标准	2019第38号	GB 50229—2019
14	民用建筑设计统一标准	2019第57号	GB 50352—2019
15	城市轨道交通通风空气调节与供暖设计标准	2019第59号	GB/T 51357—2019
16	绿色校园评价标准	2019第60号	GB/T 51356—2019
17	绿色建筑评价标准	2019第61号	GB/T 50378—2019
18	城市绿地规划标准	2019第99号	GB/T 51346—2019
19	农村生活污水处理工程技术标准	2019第100号	GB/T 51347—2019
20	建筑碳排放计算标准	2019第101号	GB/T 51366—2019
21	传统建筑工程技术标准	2019第102号	GB/T 51330—2019
22	网络工程验收标准	2019第122号	GB/T 51365—2019
23	纺织工程常用术语、计量单位及符号标准	2019第123号	GB/T 50597—2019

续表

序号	标准名称	公告号	标准号
24	船舶工业工程项目环境保护设施设计标准	2019第124号	GB 51364—2019
25	石油天然气工程施工质量验收统一标准	2019第125号	GB/T 51317—2019
26	干熄焦工程设计标准	2019第126号	GB 51363—2019
27	制造工业工程设计信息模型应用标准	2019第127号	GB/T 51362—2019
28	纺织工业环境保护设施设计标准	2019第128号	GB 50425—2019
29	兵器工业环境保护工程设计标准	2019第129号	GB/T 51373—2019
30	小型水电站水能设计标准	2019第130号	GB/T 51372—2019
31	土工试验方法标准	2019第131号	GB/T 50123—2019
32	废弃电线电缆光缆处理工程设计标准	2019第132号	GB 51371—2019
33	高耸结构设计标准	2019第133号	GB 50135—2019
34	沉管法隧道设计标准	2019第134号	GB/T 51318—2019
35	空调通风系统运行管理标准	2019第135号	GB 50365—2019
36	建筑节能工程施工质量验收标准	2019第136号	GB 50411—2019
37	滑动模板工程技术标准	2019第137号	GB/T 50113—2019
38	太阳能供热采暖工程技术标准	2019第138号	GB 50495—2019
39	钴冶炼厂工艺设计标准	2019第146号	GB/T 51376—2019
40	建材工程术语标准	2019第147号	GB/T 50731—2019
41	锂离子电池工厂设计标准	2019第148号	GB 51377—2019
42	薄膜太阳能电池工厂设计标准	2019第149号	GB 51370—2019
43	通信设备安装工程抗震设计标准	2019第150号	GB/T 51369—2019
44	通信高压直流电源系统工程验收标准	2019第151号	GB 51378—2019
45	网络工程设计标准	2019第152号	GB/T 51375—2019
46	火炸药环境电气安装工程施工及验收标准	2019第153号	GB/T 51374—2019
47	建筑给水排水设计标准	2019第171号	GB 50015—2019
48	工业建筑可靠性鉴定标准	2019第172号	GB 50144—2019
49	天然气液化工厂设计标准	2019第173号	GB 51261—2019
50	混凝土物理力学性能试验方法标准	2019第174号	GB/T 50081—2019
51	建筑光伏系统应用技术标准	2019第175号	GB/T 51368—2019

续表

序号	标准名称	公告号	标准号
52	混凝土结构耐久性设计标准	2019第176号	GB/T 50476—2019
53	微波集成组件生产工厂工艺设计标准	2019第186号	GB 51385—2019
54	钢铁企业冷轧厂废液处理及利用设施工程技术标准	2019第187号	GB 51383—2019
55	钢铁渣处理与综合利用技术标准	2019第190号	GB/T 51387—2019
56	锦纶工厂设计标准	2019第191号	GB/T 50639—2019
57	涤纶工厂设计标准	2019第192号	GB/T 50508—2019
58	石油化工大型设备吊装现场地基处理技术标准	2019第193号	GB/T 51384—2019
59	石油化工建设工程施工安全技术标准	2019第194号	GB/T 50484—2019
60	城市道路交通设施设计规范	2019第221号	GB 50688—2011 局部修订
61	工业电视系统工程设计标准	2019第229号	GB/T 50115—2019
62	宽带光纤接入工程技术标准	2019第230号	GB/T 51380—2019
63	医药工业洁净厂房设计标准	2019第232号	GB 50457—2019
64	柔性直流输电换流站设计标准	2019第233号	GB/T 51381—2019
65	岩棉工厂设计标准	2019第234号	GB/T 51379—2019
66	油气田及管道岩土工程勘察标准	2019第235号	GB/T 50568—2019
67	村庄整治技术标准	2019第236号	GB/T 50445—2019
68	海上风力发电场勘测标准	2019第252号	GB 51395—2019
69	金属露天矿工程施工及验收标准	2019第253号	GB/T 51360—2019
70	发光二极管生产工艺设备安装工程施工及质量验收标准	2019第254号	GB 51392—2019
71	铁路罐车清洗设施设计标准	2019第255号	GB/T 50507—2019
72	石油化工厂际管道工程技术标准	2019第256号	GB/T 51359—2019
73	石油化工可燃气体和有毒气体检测报警设计标准	2019第257号	GB/T 50493—2019
74	通信管道与通道工程设计标准	2019第258号	GB 50373—2019
75	柔性直流输电成套设计标准	2019第259号	GB/T 51397—2019

附录2 2019年批准发布的国家标准和行业标准

续表

序号	标准名称	公告号	标准号
76	通信工程建设环境保护技术标准	2019 第 260 号	GB/T 51391—2019
77	棉纺织工厂设计标准	2019 第 261 号	GB/T 50481—2019
78	核电厂混凝土结构技术标准	2019 第 262 号	GB/T 51390—2019
79	±800kV 直流架空输电线路设计规范	2019 第 304 号	GB 50790—2013 局部修订
80	建设工程文件归档规范	2019 第 306 号	GB/T 50328—2014 局部修订
81	火灾自动报警系统施工及验收标准	2019 第 315 号	GB 50166—2019
82	医药工程设计能耗标准	2019 第 317 号	GB/T 51407—2019
83	化工建设项目环境保护工程设计标准	2019 第 319 号	GB/T 50483—2019
84	建材工业设备安装工程施工及验收标准	2019 第 320 号	GB/T 50561—2019
85	电子工业废气处理工程设计标准	2019 第 321 号	GB 51401—2019
86	铁路工程结构可靠性设计统一标准	2019 第 322 号	GB 50216—2019
87	光传送网(OTN)工程技术标准	2019 第 324 号	GB/T 51398—2019
88	工业设备及管道绝热工程施工质量验收标准	2019 第 325 号	GB/T 50185—2019
89	云计算基础设施工程技术标准	2019 第 326 号	GB/T 51399—2019
90	矿山机电设备工程安装及验收标准	2019 第 328 号	GB/T 50377—2019
91	烧结机械设备工程安装验收标准	2019 第 329 号	GB/T 50402—2019
92	有色金属堆浸场浸出液收集系统技术标准	2019 第 330 号	GB/T 51404—2019

2019 年批准发布的行业标准　　　　表 2

序号	标准名称	公告号	标准号
1	生活垃圾焚烧厂评价标准	2019 第 15 号	CJJ/T 137—2019
2	古建筑工职业技能标准	2019 第 16 号	JGJ/T 463—2019
3	温和地区居住建筑节能设计标准	2019 第 17 号	JGJ 475—2019
4	住房公积金资金管理业务标准	2019 第 18 号	JGJ/T 474—2019
5	整体爬升钢平台模架技术标准	2019 第 19 号	JGJ 459—2019
6	建筑门窗安装工职业技能标准	2019 第 20 号	JGJ/T 464—2019
7	建筑用槽式预埋组件	2019 第 46 号	JG/T 560—2019

续表

序号	标准名称	公告号	标准号
8	预制保温墙体用纤维增强塑料连接件	2019 第 48 号	JG/T 561—2019
9	建筑用轻质高强陶瓷板	2019 第 50 号	JG/T 567—2019
10	工程建设项目业务协同平台技术标准	2019 第 56 号	CJJ/T 296—2019
11	建筑用纸蜂窝复合墙板	2019 第 67 号	JG/T 563—2019
12	建筑用闭门器	2019 第 70 号	JG/T 268—2019
13	玻璃幕墙粘结可靠性检测评估技术标准	2019 第 72 号	JGJ/T 413—2019
14	金属面夹芯板应用技术标准	2019 第 73 号	JGJ/T 453—2019
15	智能建筑工程质量检测标准	2019 第 74 号	JGJ/T 454—2019
16	地基旁压试验技术标准	2019 第 75 号	JGJ/T 69—2019
17	疗养院建筑设计标准	2019 第 76 号	JGJ/T 40—2019
18	建筑垃圾处理技术标准	2019 第 77 号	CJJ/T 134—2019
19	岩棉薄抹灰外墙外保温工程技术标准	2019 第 78 号	JGJ/T 480—2019
20	外墙外保温工程技术标准	2019 第 79 号	JGJ 144—2019
21	城市轨道交通预应力混凝土节段预制桥梁技术标准	2019 第 80 号	CJJ/T 293—2019
22	塔式起重机混凝土基础工程技术标准	2019 第 81 号	JGJ/T 187—2019
23	居住绿地设计标准	2019 第 82 号	CJJ/T 294—2019
24	卫星定位城市测量技术标准	2019 第 92 号	CJJ/T 73—2019
25	地源热泵系统工程勘察标准	2019 第 93 号	CJJ/T 291—2019
26	模板工职业技能标准	2019 第 94 号	JGJ/T 462—2019
27	开合屋盖结构技术标准	2019 第 95 号	JGJ/T 442—2019
28	生活垃圾填埋场无害化评价标准	2019 第 96 号	CJJ/T 107—2019
29	橡胶沥青路面技术标准	2019 第 97 号	CJJ/T 273—2019
30	城市轨道交通桥梁工程施工及验收标准	2019 第 98 号	CJJ/T 290—2019
31	轻型模块化钢结构组合房屋技术标准	2019 第 115 号	JGJ/T 466—2019
32	低温辐射自限温电热片供暖系统应用技术标准	2019 第 116 号	JGJ/T 479—2019
33	无机轻集料砂浆保温系统技术标准	2019 第 117 号	JGJ/T 253—2019
34	公共建筑室内空气质量控制设计标准	2019 第 118 号	JGJ/T 461—2019
35	装配式钢结构住宅建筑技术标准	2019 第 159 号	JGJ/T 469—2019

附录2　2019年批准发布的国家标准和行业标准

续表

序号	标准名称	公告号	标准号
36	钢骨架轻型预制板应用技术标准	2019第160号	JGJ/T 457—2019
37	钢管约束混凝土结构技术标准	2019第161号	JGJ/T 471—2019
38	钢纤维混凝土结构设计标准	2019第162号	JGJ/T 465—2019
39	混凝土中钢筋检测技术标准	2019第163号	JGJ/T 152—2019
40	预应力混凝土结构抗震设计标准	2019第164号	JGJ/T 140—2019
41	再生混合混凝土组合结构技术标准	2019第165号	JGJ/T 468—2019
42	建筑施工门式钢管脚手架安全技术标准	2019第207号	JGJ/T 128—2019
43	建筑金属围护系统工程技术标准	2019第208号	JGJ/T 473—2019
44	轻骨料混凝土应用技术标准	2019第209号	JGJ/T 12—2019
45	特殊教育学校建筑设计标准	2019第210号	JGJ 76—2019
46	科研建筑设计标准	2019第211号	JGJ 91—2019
47	建筑工程抗浮技术标准	2019第212号	JGJ 476—2019
48	建筑楼盖振动舒适度技术标准	2019第213号	JGJ/T 441—2019
49	城市桥梁设计规范	2019第222号	CJJ 11—2011 局部修订
50	托儿所、幼儿园建筑设计规范	2019第237号	JGJ 39—2016 局部修订
51	非开挖工程用聚乙烯管	2019第270号	CJ/T 358—2019
52	重力式污泥浓缩池悬挂式中心传动浓缩机	2019第271号	CJ/T 540—2019
53	高性能混凝土用骨料	2019第273号	JG/T 568—2019
54	钢筋连接用灌浆套筒	2019第275号	JG/T 398—2019
55	有轨电车信号系统通用技术条件	2019第276号	CJ/T 539—2019
56	办公建筑设计标准	2019第283号	JGJ/T 67—2019
57	养老服务智能化系统技术标准	2019第285号	JGJ/T 484—2019
58	城市地理空间信息元数据标准	2019第287号	CJJ/T 144—2019
59	装配式住宅建筑检测技术标准	2019第291号	JGJ/T 485—2019
60	雷达法检测混凝土结构技术标准	2019第292号	JGJ/T 456—2019
61	液压升降整体脚手架安全技术标准	2019第296号	JGJ/T 183—2019
62	城市园林绿化监督管理信息系统工程技术标准	2019第301号	CJJ/T 302—2019

续表

序号	标准名称	公告号	标准号
63	建筑防护栏杆技术标准	2019第305号	JGJ/T 470—2019
64	地铁快线设计标准	2019第307号	CJJ/T 298—2019
65	民用建筑修缮工程施工标准	2019第309号	JGJ/T 112—2019

附录3 部分国家建筑业情况

法国、德国、英国和日本建筑业增加值及其在GDP中的比重 表1

年份	法国		德国		英国		日本	
	建筑业增加值（十亿欧元）	占GDP比重（%）	建筑业增加值（十亿欧元）	占GDP比重（%）	建筑业增加值（十亿英镑）	占GDP比重（%）	建筑业增加值（十亿日元）	占GDP比重（%）
2009	110.00	5.67	93.56	3.81	82.57	5.57	26900	5.71
2010	109.00	5.45	102.00	3.96	83.87	5.38	26200	5.43
2011	111.00	5.39	109.00	4.04	86.79	5.37	26500	5.62
2012	115.00	5.50	111.00	4.04	83.22	5.03	26700	5.64
2013	114.00	5.39	115.00	4.09	85.88	5.01	27914	5.86
2014	108.32	5.67	120.74	4.60	100.60	6.22	27733	5.86
2015	106.16	5.44	124.76	4.57	101.94	6.12	31185	5.92
2016	109.59	5.50	134.94	5.60	108.12	6.19	29371	5.51
2017	112.06	5.49	144.30	4.88	111.89	6.14	29334	5.41
2018	117.42	5.62	152.83	5.07	115.98	6.08	30425	5.58

数据来源：National Accounts Official Country Data，United Nations Statistics Division

2015—2019年法国和德国营建产出及其增长率（2015年＝100） 表2

时间	法国		德国	
	营建产出	同比增长率	营建产出	同比增长率
2015-01	102.23	−3.16	101.30	−7.40
2015-02	99.09	−5.34	99.00	−9.30
2015-03	101.51	−2.84	100.30	−2.20
2015-04	99.29	−3.90	99.90	−3.00
2015-05	101.43	−0.18	100.40	−0.10

续表

时间	法国		德国	
	营建产出	同比增长率	营建产出	同比增长率
2015-06	100.28	−3.00	98.50	−3.30
2015-07	99.62	−2.10	98.90	−2.30
2015-08	96.99	−4.09	100.50	−0.10
2015-09	100.22	−0.53	98.60	−2.50
2015-10	100.04	−0.91	98.60	−2.60
2015-11	101.57	2.40	99.00	−1.70
2015-12	97.74	−2.93	100.80	4.10
2016-01	104.26	1.99	103.50	3.50
2016-02	96.79	−2.32	107.20	11.50
2016-03	95.15	−6.27	106.60	6.60
2016-04	96.73	−2.58	104.50	4.90
2016-05	98.58	−2.81	104.30	4.00
2016-06	98.64	−1.64	104.80	6.00
2016-07	101.02	1.41	105.90	6.60
2016-08	101.93	5.09	105.50	4.80
2016-09	101.22	1.00	105.20	6.00
2016-10	102.28	2.24	104.80	5.30
2016-11	102.66	1.07	105.20	5.30
2016-12	100.40	2.72	105.90	4.50
2017-01	99.54	−4.53	100.50	−4.40
2017-02	104.03	7.48	108.80	2.10
2017-03	101.64	6.82	109.80	3.20
2017-04	102.75	6.22	110.80	6.20
2017-05	102.87	4.35	109.60	5.20
2017-06	102.29	3.70	109.50	4.20
2017-07	102.82	1.78	109.20	2.80
2017-08	102.42	0.48	108.80	3.00
2017-09	102.78	1.54	109.70	3.90
2017-10	102.75	0.46	108.80	3.20
2017-11	102.33	−0.32	109.70	3.70

续表

时间	法国		德国	
	营建产出	同比增长率	营建产出	同比增长率
2017-12	107.63	7.20	109.30	2.90
2018-01	100.45	−0.08	109.70	16.9
2018-02	102.05	−1.40	104.80	−1.20
2018-03	98.03	−2.99	106.40	−1.70
2018-04	103.68	0.24	107.90	−2.70
2018-05	99.44	−4.35	110.80	1.30
2018-06	103.61	1.98	108.80	−1.00
2018-07	102.56	−0.73	109.00	−0.60
2018-08	102.65	−0.36	108.50	−1.40
2018-09	106.22	4.38	111.30	0.60
2018-10	101.56	−1.47	109.90	−0.30
2018-11	102.68	0.16	110.10	−1.10
2018-12	106.36	−0.26	111.00	1.10
2019-01	101.52	0.64	107.80	−0.10
2019-02	105.39	4.53	114.30	12.20
2019-03	106.48	8.18	114.80	8.70
2019-04	101.52	−1.96	113.80	6.00
2019-05	103.51	4.39	111.80	0.50
2019-06	105.28	1.75	112.90	3.30
2019-07	102.15	−0.73	112.80	3.00
2019-08	100.91	−2.31	112.10	2.70
2019-09	103.45	−1.69	113.70	2.10
2019-10	100.93	−1.45	112.20	1.20
2019-11	104.14	2.00	114.50	3.60
2019-12	99.68	−6.67	112.30	0.50

数据来源：欧盟统计局，Wind 数据库

美国建筑业增加值及占 GDP 比重（单位：十亿美元，%） 表3

年份	建筑业增加值	建筑业增加值占 GDP 比重(%)
1999	418	4.3

续表

年份	建筑业增加值	建筑业增加值占GDP比重(%)
2000	462	4.5
2001	488	4.6
2002	495	4.5
2003	527	4.6
2004	588	4.8
2005	654	5.0
2006	698	5.0
2007	715	4.9
2008	653	4.4
2009	577	4.0
2010	542	3.6
2011	547	3.5
2012	584	3.6
2013	621	3.7
2014	674	3.9
2015	740	4.1
2016	793	4.3
2017	826	4.3
2018	840	4.1
2019	887	4.1

数据来源：美国经济分析局，Wind 数据库

日本以投资者分类的新开工建筑面积（单位：千平方米） 表4

年份	总计	中央政府	都道府县	市町村	企业	非企业团体	个人
1985	199560	4525	4703	11234	66998	11193	100907
1990	283421	4591	5542	12878	128226	12870	119315
1995	228145	4505	5754	11045	80475	13438	112927
2000	200259	3815	3791	8115	79295	14200	91043
2005	186058	1695	1975	5591	93126	11379	72293

续表

年份	总计	中央政府	都道府县	市町村	企业	非企业团体	个人
2009	115486	1472	1641	4920	47428	7720	52306
2010	121455	1178	1751	5343	48751	10278	54154
2011	126509	1207	1963	5299	51874	12379	53786
2012	132609	1168	1867	5567	57752	10933	55321
2013	147673	1299	2030	6257	63439	12287	62360
2014	134021	1122	2308	6286	59960	12218	52127
2015	129624	876	1667	4803	61894	9107	51277
2016	132962	1306	1671	4422	64458	9076	52028
2017	134679	830	1809	4399	69235	8380	50025
2018	131149	626	1410	4217	69.608	7153	48135

数据来源：日本统计年鉴 2020

日本以投资者分类的新开工建筑成本估计值（单位：十亿日元） 表5

年份	总计	中央政府	都道府县	市町村	企业	非企业团体	个人
1985	23223	647	661	1626	7764	1473	11053
1990	49291	890	1088	2553	24302	2618	17840
1995	37892	985	1335	2752	11737	2691	18391
2000	31561	849	836	1836	10569	2790	14682
2005	28027	305	397	1073	12694	2058	11500
2009	20407	314	341	1069	8192	1622	8869
2010	20691	236	382	1164	7735	1999	9175
2011	21303	230	408	1151	7932	2427	9154
2012	22026	228	389	1186	8550	2177	9496
2013	25436	302	460	1436	9773	2599	10866
2014	24606	264	534	1607	9934	2892	9375
2015	25139	247	409	1271	11450	2321	9441
2016	26315	464	445	1258	12007	2468	9673
2017	27698	281	650	1306	13760	2282	9419
2018	26718	194	424	1298	13659	1960	9182

数据来源：日本统计年鉴 2020

日本以构造类型分类的新开工建筑面积（单位：千平方米）　　表 6

年份	木质建筑	钢结构或者混凝土建筑	混凝土建筑	钢结构建筑	混凝土砌块建筑	其他
1985	70493	17748	42571	67926	528	293
1990	85397	32288	58061	106841	460	374
1995	84167	17775	43847	81575	351	431
2000	72023	17245	37565	72804	156	465
2005	63270	5440	46640	70067	101	540
2009	48225	2753	24280	39693	79	456
2010	52255	2818	25190	40609	88	494
2011	52799	2982	28994	41115	87	532
2012	54804	2404	29891	44753	103	653
2013	61969	3424	29846	51529	123	783
2014	53498	3201	27224	49225	93	780
2015	53615	2781	23233	49077	90	828
2016	56579	2289	23817	49113	109	1054
2017	56157	2484	24264	50787	87	900
2018	55456	2601	21855	50693	84	875

数据来源：日本统计年鉴 2020

日本以构造类型分类的新开工建筑成本估计值（单位：十亿日元）　　表 7

年份	木质建筑	钢结构或者混凝土建筑	混凝土建筑	钢结构建筑	混凝土砌块建筑	其他
1985	7352	3057	6155	6586	51	22
1990	11248	9260	12947	15753	51	32
1995	13328	4067	8726	11682	44	45
2000	11454	3523	6861	9636	27	60
2005	9616	1010	8000	9305	12	84
2009	7554	730	5318	6731	13	60
2010	8182	638	5187	6622	13	49

续表

年份	木质建筑	钢结构或者混凝土建筑	混凝土建筑	钢结构建筑	混凝土砌块建筑	其他
2011	8280	711	5712	6537	13	50
2012	8642	537	5798	6967	19	62
2013	9911	877	6083	8467	19	79
2014	8722	884	6209	8688	16	86
2015	8868	682	5583	9683	15	82
2016	9391	706	6055	10024	20	120
2017	9366	871	6444	10903	19	95
2018	9349	665	5751	10855	17	81

数据来源：日本统计年鉴2020，其中2015年钢结构或者混凝土建筑原为908十亿日元，最新年鉴修正为682十亿日元。